mandelbaum *verlag*

Gitta Tonka

FAVORITEN

Auf den Spuren eines Wiener Arbeiterbezirks

mandelbaum *verlag*

Gefördert von der Stadt Wien Kultur

Mit freundlicher Unterstützung vom Favoritner Bezirksvorsteher Marcus Franz und dem Archivar des Bezirksmuseums Favoriten Walter Sturm.

mandelbaum.at • mandelbaum.de

ISBN 978-3-85476-943-9

Lektorat: ELVIRA M. GROSS
Satz: KEVIN MITREGA, Schriftloesung
Umschlag: MICHAEL BAICULESCU
Umschlagfoto: Ehemalige Schmidtstahlwerke
(Archivfoto Bezirksmuseum Favoriten)
Druck: PRIMERATE, Budapest

Inhaltsverzeichnis

Ich bin ein Kind der Stadt. Die Leute meinen
und spotten leichthin über unsereinen,
dass solch ein Stadtkind keine Heimat hat.
In meine Spiele rauschten freilich keine Wälder.
Da schütterten die Pflastersteine.
Und bist mir doch ein Lied, du liebe Stadt.

A. Wildgans

Wenn ich mich nach dem Urlaub, von der Südautobahn kommend, Favoriten nähere und die Lichter am Laaer-Berg und am Wienerberg erblicke, dann komme ich in eine graue Vorstadt riesigen Ausmaßes, deren Bevölkerungszahl sie zur drittgrößten Stadt Österreichs machen würde. Und ich bin, um mit Anton Wildgans fortzufahren, »… ein Pünktchen nur, um welches sie nichts weiß«.

Hier bin ich zu Hause. Und diese riesige graue Vorstadt mit dem klingenden Namen »Favoriten« hat eine Geschichte. Es ist eine Geschichte des arbeitenden Volkes, eine Geschichte der Namenlosen, die die Stadt mitgeformt, sie verteidigt und wieder aufgebaut haben. Hier gab es keine Ritterspiele und keine Festspiele. Hier machten sich einst die Römer* breit, hier verwüsteten Barbaren das Land, hier zogen die Türken und die Franzosen durch. Hier wurde auf Arbeiterhäuser geschossen, hier herrschten Arbeitslosigkeit und Not, und viele Favoritner mussten für ein freies Österreich ihr Leben lassen. Hier hat sich das Dichterwort bewahrheitet, »dass unserer Vaterstadt ärmster Sohn zugleich ihr getreuester ist.«

Und oft im Frühling, wenn ich einsam gehe,
lockt es mich heimlich – raunend in die Nähe
der Vorstadt, wo noch meine Schule steht.
Da kann es sein, dass eine Straßenkrümmung,
die noch wie damals ist, geweihte Stimmung
in mir erblühen macht, wie ein Gebet.

* Aus Gründen der besseren Lesbarkeit wird hier die Sprachform des generischen Maskulinums angewandt. Es wird an dieser Stelle darauf hingewiesen, dass die ausschließliche Verwendung der männlichen Form geschlechtsunabhängig verstanden werden soll.

Lied der Arbeit (1867)
Text: Josef Zapf, Musik: Josef Scheu

Stimmt an das Lied der hohen Braut,
Die schon dem Menschen angetraut,
Eh' er selbst Mensch ward noch!
Was sein ist auf dem Erdenrund,
Entsprang aus diesem treuen Bund.
Die Arbeit hoch!
Die Arbeit hoch!

(…)

Und wie einst Galilei rief,
Als rings die Welt im Irrtum schlief:
»Und sie bewegt sich doch!«
So ruft: Die Arbeit sie erhält,
Die Arbeit, sie bewegt die Welt!
Die Arbeit hoch!
Die Arbeit hoch!

Vorwort

Ich bin ein Kind aus Favoriten, genau wie meine Familienmitglieder seit drei Generationen vor mir. Als ich 1973 in der Pädagogischen Akademie mein Hausarbeitsthema wählen sollte, war mir schnell klar, es wird »Favoriten« heißen. Vor allem, weil mir meine historisch und politisch gebildete Mutter ihre Hilfe anbot. In der Zeit entstand mein Interesse an der Geschichte meines Heimatbezirks, und seither sammle ich Artikel und Bilder aus Büchern und Bezirkszeitungen in meiner Mappe.

2015 begann ich aus den Memoiren und historischen Aufzeichnungen meiner verstorbenen Mutter, Oswalda Tonka, geborene Sokopp, ein Buch zu machen mit dem Titel: *Buchengasse 100, Geschichte einer Arbeiterfamilie.* Während dieser interessanten Arbeit lernte ich auch die Geschichte der Arbeiterbewegung kennen, die wiederum untrennbar mit Favoriten verbunden ist. Damit wurde mein Interesse an der Vergangenheit meines Bezirks erneut geweckt, und ich holte meine alte Favoritenmappe wieder heraus. Aber so vieles hatte sich seit meiner Studienzeit geändert, historische Gebäude, Fabriken und vertraute Plätze waren mittlerweile verschwunden, weil sie modernen Stadtzentren und Skylines weichen mussten. Dafür gab es jetzt die Möglichkeit, in eine *digitale Zeitmaschine* einzusteigen, und so forschte ich weiter im Internet, auf *Wikipedia* und *ANNO* (*Austrian Newspaper Online* der österreichischen Nationalbibliothek) Diese Einträge ergänzten meine analogen Bilder und Texte und halfen mir, die Vergangenheit unseres Bezirks genauer kennenzulernen. Außerdem las ich Bücher, in denen Zeitzeugen aus ihrer Kindheit und über *ihr* Favoriten erzählen. Diese Erinnerungen deckten sich oft mit denen meiner Mutter und meiner Großtanten Hilda und Wicki, deren Geschichten mich meine Kindheit und Jugend hindurch begleitet haben.

Mit diesem Buch habe ich versucht, geschichtliche Informationen mit den erzählten Geschichten von Favoritnern und Favoritnerinnen zu verbinden, um einen Überblick über die Vergangenheit meines Heimatbezirks zu bekommen, dem Arbeiterbezirk Favoriten.

Von der Römerzeit ins Mittelalter

Die Gegend des heutigen Bezirks Favoriten war bereits zur Römerzeit besiedelt. Viele Funde im heutigen Unterlaa weisen darauf hin. Alte Ziegel, Urnen, Tongefäße, Münzen und entlang der Triester Straße auch Meilensteine. Schon damals wurden am Wienerberg Tonwaren hergestellt.

Die Triester Straße, eine der wichtigsten römischen Straßen, verlief vom Tor des Lagers Vindobona bis über die Wienerbergerhöhe nach Baden und wurde von Händlern, Reisenden und römischen Truppen benutzt. Später wurde diese Straße über den Wienerberg zur Fernhandelsstraße nach Kärnten, Triest und Venedig. Sie könnte über viele historische Ereignisse erzählen; die Kreuzfahrer nahmen diesen Weg so wie die Ungarn, die Türken und das kaiserliche Heer, aber auch Räuber, die sich raubritterisch bedienten. Eine Zeugin dieser Zeit liegt am höchsten Punkt des Wienerberges, die *Spinnerin am Kreuz.* Diese gotische Denksäule, die 1451/52 von Dombaumeister Hans Puchsbaum errichtet wurde, ist das bedeutendste Kunstdenkmal Favoritens. Dort befand sich auch eine der ältesten Richtstellen Wiens, das *Hochgericht* mit Galgen. Auf der umliegenden Wiese, der *Galgenwiese*, sollen sich bis zu 40 000 Menschen gedrängt haben, um die Hinrichtungen aus nächster Nähe beobachten zu können. Dabei machten die Wanderhändler ihre besten Geschäfte und verkauften sogar *Galgenbrezel.* 1747 wurde der Galgenplatz allerdings auf Befehl von Maria Theresia aufgelassen. Angeblich soll sie der Anblick der dort hängenden Leichen auf ihrer Fahrt zum Schloss Laxenburg zu sehr entsetzt haben. Einige Jahre fanden daher am Rabenstein in der Rossau die Hinrichtungen statt. Aber 1805 wurde auf Drängen der Rossauer Einwohner der Richtplatz wieder auf den Wienerberg zurückverlegt, wo schließlich 1868 die letzte öffentliche Hinrichtung stattfand. Beim späteren Bau der Häuser an der Triester Straße grub man viele Skelette von Gehenkten aus, die immer nahe der Richtstätte begraben wurden. Bis zur Mitte des 19. Jahrhunderts stand die Spinnerin am Kreuz noch frei und unverbaut auf der Höhe des Wienerberges, sodass man von dort einen hervorragenden Blick auf die Stadt hatte. Das sprach sich

Spinnerin am Kreuz, Hochgericht mit Galgen

bald herum, und viele Armeen versuchten deshalb auch von hier aus, Wien zu erobern. Im 18. Jahrhundert fuhr aber auf der Triester Straße bereits eine Postkutsche. Für eine Reise nach Triest, ungefähr 600 km entfernt, brauchte man allerdings ganze acht Tage. Wenn es regnete, war die Straße wegen der vielen Wasserlacken überhaupt unpassierbar. Der dunkle Ton im Wienerberger Boden verwandelte die Straße in einen richtigen roten See, durch den man nur waten konnte. Mit Granitwürfeln gepflastert wurde die Triester Straße erst nach der Bezirksgründung 1874.

Das Favoritner Gebiet wurde im 18. Jahrhundert größtenteils landwirtschaftlich genutzt, was an der günstigen Lage und dem guten Klima lag. Viehzucht, Acker- und Weinbau wurden betrieben, aber außer einigen verstreuten Gehöften waren hier als geschlossene Siedlungsgebiete nur die Dörfer Oberlaa, Unterlaa und Rothneusiedl, die aber bis 1938 gar nicht zu Favoriten gehörten. Es gibt dort neben dem Liesingbach noch eine alte Mühle, auf der die Jahreszahl 1779 steht. Und das alte Jagdschloss *Prentlhof* auf der anderen Straßenseite entstand ebenfalls zu dieser Zeit durch die Zusammenlegung von zwei Bauernhöfen.

Dass schon die Römer in Unterlaa eine Siedlung errichtet haben, beweisen Ausgrabungen bei der Johanneskirche, einer der ältesten Kirchen Wiens. Das Bezirksmuseum Favoriten hat hier sogar eine eigene Außenstelle eingerichtet, um die Ausgrabungen zu dokumentieren. Die Lehrausgänge in diesen südlichsten Teil Favoritens fanden die mir anvertrauten Schulkinder immer sehr aufregend. Damals wollten viele von ihnen Archäologen werden, um selber die Vergangenheit zu erforschen.

Postkutsche auf der Triester Straße

Die »Siedlung vor der Favoriten-Linie«

Unter die Regentschaft Kaiser *Leopolds I.* (1640–1705) fiel die große Pestepidemie, die Vertreibung der Juden aus der Leopoldstadt und der zweite Türkenkrieg. Von besonderer Bedeutung für das Gebiet des heutigen Favoriten war allerdings die kaiserliche Anordnung zum Bau eines *Linienwalls*. Der sollte die Stadt und die Vorstädte vor den Türken und den ungarischen Kuruzen schützen. Die ländlichen Vororte blieben aber weiterhin schutzlos.

1704 befahl der Kaiser seinen Untertanen, einen mit Pfählen verstärkten Erdwall rund um die Vorstädte zu bauen. Zu diesen Arbeiten wurden nicht nur die Bauern verpflichtet, über die der Adel verfügte, sondern auch alle Bewohner Wiens und Umgebung zwischen 18 und 60 Jahren. Bei den Schanzarbeiten waren täglich etwa 1 000 Personen beschäftigt, nur so gelang es, den vier Meter hohen, vier Meter breiten und 13,5 Kilometer langen Wall in vier Monaten fertigzustellen.

Bei den wichtigen Ausfallstraßen wurden später Tore mit Zugbrücken errichtet und Linienämter, die im Volksmund nur *Linie* genannt wurden. Für alle Lebensmittel, die die Bauern aus den Vororten in die Stadt lieferten, hob man dort eine Verzehrungssteuer ein. Außerdem musste jeder Besucher Wegzoll zahlen, wenn er durch das Tor wollte. Bei der kleinen Kapelle neben dem Tor konnte man noch schnell ein Stoßgebet an den Brückenheiligen Johannes Nepomuk richten. Für viele Bewohner vor und hinter der *Linie* war die Kapelle aber eher eine Ortsbezeichnung, man traf sich beim *Hansl am Weg*.

Die Einführung zur *Illuminierung von Straßen und Plätzen* innerhalb Wiens hatte Kaiser Leopold I. schon 1688 verfügt. Rund 2 000 Lampen, gespeist mit Klauenfett, wurden in viereckigen Laternen eingebaut und in Abständen von etwa zwanzig Schritten auf eisernen Stangen an den Häusern befestigt. Mutwillige Beschädigungen wurden streng bestraft. An den Straßenecken stand geschrieben:

»Wer die Laternen boshafter Weise destruiret, er sei auch wer er wolle, dem wird die rechte Hand abgehacket, und er wird sicherlich dieser Strafe nicht entgehen.«

Favoriten-Linie

Die Laternen wurden zwar von Schlossermeistern und Klampferschmieden aus den Vorstädten und Vororten hergestellt, aber dort blieb es nachts in den Straßen noch länger finster. Der Linienwall bildete also eine soziale Grenze, denn außerhalb war das Leben billiger. Deshalb siedelte sich die ärmere Bevölkerung auch eher in den Vororten an, musste sich allerdings mit den einfachsten Behausungen zufrieden geben.

Das Tor in die südliche Vorstadt bekam den Namen *Favoriten-Linie*, denn es lag unmittelbar vor dem Schloss *Favorita auf der Wieden*, einem beliebten Sommersitz der kaiserlichen Familie. Maria Theresia, die dort ihre Jugend verbracht hatte, widmete das Schloss 1746 in eine Schule für die adelige Jugend um. Bald darauf hieß es *Collegium Theresianum* oder kurz *Theresianum.*

Als *Maria Theresia* 1757 wegen der Vergrößerung der Stadt den Befehl gab, sämtliche Ziegeleien aus dem Stadtgebiet zu entfernen, wurden die Voraussetzungen für eine intensive Ziegelproduktion auf dem Wienerberg geschaffen. Denn die Böden des Wienerbergs und des Laaer Bergs waren reich an den Bodenschätzen Schotter, Sand und Lehm. In allen Teilen des heutigen Favoriten entstanden große Ziegeleien. Da die Ziegel zunächst hauptsächlich zur Verstärkung der Basteien und des Linienwalls benötigt wurden, bürgerte sich die Bezeichnung *Fortifikations-Ziegelofen* ein.

Der reiche Industrielle *Alois Miesbach* erwarb 1820 die von Kaiserin Maria Theresia gegründete staatliche Ziegelei am Wiener-

↑ *Favorita auf der Wieden 1724*

↓ *Fortifikations-Ziegelei außerhalb des Stadtgebietes 1820*

berg und baute sie systematisch aus. Als *Kaiser Franz Josef* nach der Revolution 1848 das Arsenal als festungsähnliche Kaserne errichten ließ, beauftragte er Miesbach mit diesem Riesenprojekt. Allein für den Ziegelrohbau waren hundert Millionen Ziegel nötig, und auch der Bedarf an Bau- und Ziegelarbeitern stieg enorm. Viele Slowaken, die sich hier um Arbeit bewarben, siedelten sich in primitiven Behausungen neben der Großbaustelle an. Im Volk wurden die Arbeiter und ihre Familien abschätzig *Growodn* genannt, und ihre Ansiedlung *Growodndörfl*. Auf einem alten Stadtplan entdeckte ich die *Kroatengasse*, so hieß damals der östliche Teil der heutigen Gudrunstraße.

Immer mehr Menschen siedelten sich vor dem Linienwall an. Vor allem wegen der Bautätigkeit in dem Zwickel, den die beiden Bahnlinien, Süd- und Ostbahn, bildeten. Die vielen Eisenbahner, Ziegel- und Bauarbeiter brauchten aber Wohnungen. Darum kümmerten sich bald geschäftstüchtige Baumeister, die ab 1850 zügig Billigstwohnungen aus dem Schotterboden stampften. Ende der 1850er Jahre erstreckte sich die *Siedlung vor der Favoriten-Linie* nicht weit über die heutige Gudrunstraße hinaus.

Manche Plätze und Gebäude, die damals entstanden, gibt es heute noch, oder es erinnern zumindest Straßennamen an sie. Etwa die *Rotenhofgasse*, die *Steudelgasse* oder das *Alte Landgut*.

Der Rote Hof: Im Jahr 1810 kaufte ein gewisser Reichsgraf von Pfaffenhofen einen ehemaligen Ziegelofen samt Wohngebäude, das entlang der Westseite des heutigen Reumannplatzes verlief und mit seiner Spitze bis an die heutige Quellenstraße reichte. Daraus errichtete er ein Bauerngehöft, das vielleicht wegen des ehemaligen Ziegelofens *Roter Hof* genannt wurde, und ließ eine Zufahrt zur Laxenburger Allee anlegen. Bis in die 1860er Jahre war der Hof gänzlich von Ackerland umgeben. Nach der Bezirksgründung Favoritens wurde der *Rote Hof* Standort der städtischen Feuerwehr.

Das Gasthaus Steudel: 1830 errichtete Johann Steudel seinen Einkehrgasthof am Spitz zwischen Laxenburger Straße und Favoritenstraße (damals Himberger Straße). Er eröffnete das erste Kaffeehaus und sorgte, wie später auch weitere Wirte, für die Verpflegung der vielen Fuhrleute und Bauarbeiter der *Wien-Gloggnitz-Bahn*, die damals gebaut wurde. Die heutige *Steudelgasse* erinnert noch an den Gasthausbesitzer und ersten Bezirksvorsteher Johann Steudel.

Zum Stoß im Himmel: 1825 entstand an der Ecke Troststraße 67/Neilreichgasse 29 das lange ebenerdige Gasthaus *Zum Stoß im Himmel*.

Der Rote Hof um 1840 (heute: Buchengasse 67 a)

Stoß im Himmel 1904 (Troststraße)

Zu seinen Gästen zählten hauptsächlich die Arbeiter der Ziegelwerke, die bald eine große Gruppe bildeten. In meiner Kindheit, also über 130 Jahre später, war dieses Gasthaus Ecke Troststraße/Neilreichgasse immer noch ein beliebter Treffpunkt für die Favoritner. Ich erinnere mich an den schönen Gastgarten mit den großen Bäumen. Leider musste das Gasthaus später einem Wohnhaus weichen. Statt der Tür ins Wirtshaus führt ein Tor in eine Bank.

Altes Landgut: 1834, als der Höhenzug *Wienerberg/Boschberg/Laaer Berg* noch ziemlich unverbaut war, kaufte der Kaffeesieder Leander Prasch das Wirtshaus einer aufgelassenen Ziegelei. Daraus baute er ein Kasino, das er *Zum alten Landgut* nannte. Es lag etwa zwischen der heutigen Inzersdorfer Straße, Favoritenstraße, Troststraße und Ettenreichgasse. Dieses Etablissement wurde bald zum beliebten Ausflugsziel der vermögenden Wiener, denn das Restaurant hatte einen Sitzgarten, eine Säulenhalle und sogar ein überdachtes Obergeschoß. Aus der Orchesterloge ertönten allabendlich die Klänge der besten Kapellen Wiens, und auch Josef Lanner spielte dort zum Tanz auf. Und wer nicht tanzte, genoss zumindest die Aussicht auf Wien, die von dort oben hervorragend gewesen sein muss.

In diesem *größten Kaffeehaus der Welt*, wie es Prasch anpries, gab es viele abwechslungsreiche Unterhaltungen, wie Kegelbahnen, Billardtische und Riesenschaukeln. Neben Feuerwerken konnte man am Abend ein zwei Stock hohes Gerüst in Menschengestalt bewundern, das durch Öllämpchen illuminiert war. Aber als der Betrieb zu aufwändig wurde, musste Prasch 1844 sein Etablissement verkaufen. Heute erinnert nur mehr der Name des Verteilerkreises und die neue U-Bahn-Station *Altes Landgut* an das opulente Etablissement des Kaffeesieders Leander Prasch.

1862: Die erste Schule vor der Favoriten-Linie

Lange Zeit gab es in der Siedlung keine Schule, die Kinder mussten in weit entfernten Schulen innerhalb der Linien unterrichtet werden, also auf der Wieden oder in Margareten. Im Winter blieben viele dem Unterricht fern, um sich den langen Fußmarsch in der Kälte zu ersparen.

Heinrich Knöll, Besitzer einer Seifensiederei und wohltätiges Mitglied des Bezirksausschusses von Wieden, stellte 1862 sein Privathaus zur Verfügung, um darin die erste Städtische Volksschule einzurichten.

Zum Alten Landgut (zw. Inzersdorfer Straße und Troststraße)

In diesem Wohnhaus Himberger Straße (heute: Favoritenstraße 96) wurden zunächst in zwei Klassen 133 Kinder unterrichtet. In den folgenden Jahren waren hier aber bereits sieben Klassen und eine Oberlehrerwohnung untergebracht. Diese alte Versuchsschule gibt es zwar nicht mehr, aber die *Knöllgasse* erinnert heute noch an diesen Wohltäter von Favoriten.

Doch noch gehörte die *Siedlung vor der Favoriten-Linie* samt ihren Plätzen zu Wieden und im westlichen Teil zu Margareten, obwohl sie 1873 bereits 386 Häuser mit rund 25 800 Einwohnern umfasste. Der ehemalige Gastwirt Johann Heinrich Steudel, mittlerweile Mitglied im Gemeinderat, setzte sich lange dafür ein, dass die *Siedlung vor der Favoriten-Linie* in einen eigenen Gemeindebezirk umgewandelt wird.

Die Bezirksgründung 1874

1874 genehmigte schließlich der Statthalter von Niederösterreich den Antrag des Wiener Gemeinderats zur Gründung des zehnten Bezirks mit dem Namen *Favoriten*, obwohl Wieden und Margareten ihre Territorien nur sehr ungern hergaben. Im Volksmund heißt Favoriten *Zehnter Hieb*, war es doch vom vierten und fünften Bezirk mit einem *Hieb* abgetrennt worden.

Favoriten war damals mit 26 789 Bewohnern der kleinste Wiener Bezirk; die Eisenbahn, die Ziegelindustrie und das Arsenal, das noch zum zehnten Bezirk gehörte, prägten das Bild des wenig besiedelten Bezirks. Aber an der Ecke Laxenburger Straße/Gudrunstraße stand bereits seit 1872 ein imposantes Gebäude, das *Magistratische Bezirksamt*, erbaut in Sichtziegelbauweise in gotisierendem, späthistoristischem Stil. Feierlich eröffnet wurde es im Jänner 1873.

Magistratisches Bezirksamt um 1905

Genau hundert Jahre später stand ich ehrfürchtig vor diesem beeindruckenden Amtshaus, bevor ich in den ersten Stock hinaufstieg, um in der Inspektionskanzlei des Stadtschulrates meinen ersten Schuldienst anzutreten. Mehrere Schulinspektoren habe ich seither dort erlebt, und auch die sechs letzten der bisher zwanzig Bezirksvorsteher Favoritens kennengelernt.

Den allerersten Bezirksvorsteher Johann Steudel kannte ich natürlich nicht, denn der wurde schon 1874 gewählt. Sein Stellvertreter wurde Heinrich Knöll, der später sein Nachfolger wurde. Für das Gründungsfest des neuen Bezirks wählte man die beliebten *Favoriten-*

säle in der Favoritenstraße 130, in denen Wilhelm Bednarz, ein damals sehr bekannter Kapellmeister, seine Polka *Die Favoritin* vorstellte. Sogar der damalige Wiener Bürgermeister Dr. Cajetan Felder feierte mit.

Und aus diesem Anlass wurde auch die Favoritenstraße als erste Straße in Favoriten mit Steinen gepflastert. In der Innenstadt und in manchen Vororten wurden schon seit 1826 die sogenannten *Wiener Würfel* zur Straßenpflasterung verwendet: Granitwürfel ca. 18,5 × 18,5 × 18,5 Zentimeter groß und 16 Kilogramm schwer. Dieses Pflaster hatte Wien in Europa berühmt gemacht, und in Favoriten war zumindest ein Anfang gemacht worden.

Auch eine Kirche bekam der neue Bezirk. Hinter dem Amtshaus, am Keplerplatz, wurde 1876 die erste Kirche Favoritens gebaut, die *Keplerkirche*, die übrigens für die nächsten 25 Jahre die einzige Kirche in Favoriten blieb.

Für eine öffentliche Verkehrsverbindung in die Stadt sorgte die *Wiener Tramwaygesellschaft*, die im Weltausstellungsjahr 1873 die erste Pferdebahn-Linie eröffnet hatte. Die Favoritner konnten damals schon von der Jagdgasse bis zum Südbahnhof und bis zum Schwarzenbergplatz gelangen. Damals wurde auch der Betriebsbahnhof Favoriten mit der Remise in der Gudrunstraße eröffnet. Die Tramwaykutscher litten allerdings sehr unter den unmenschlichen Arbeitsbedingungen und den unsozialen Arbeitszeiten. Deshalb kam es 1889 bei der Remise zu einem aufsehenerregenden Streik der Wiener Tramway-Kutscher, die als *weiße Sklaven* bezeichnet wurden. Die Polizei konnte die Streikenden nur mit Kavallerieattacken und Säbelhieben bändigen, und Victor Adler, der Begründer der Sozialdemokratischen Arbeiterpartei, der die Aufständischen unterstützte, kam dafür ins Gefängnis. Über ganz Favoriten wurde danach der kleine Ausnahmezustand verhängt, das bedeutete: Sperrstunde für Gasthäuser und Ausgehverbot ab 21 Uhr.

Zur selben Zeit ungefähr entstanden auch der (neue) Ost- und Südbahnhof und die beiden Behälter der 1. Hochquellenwasserleitung in der Quellenstraße und am Wienerberg. Für die Versorgung der höher gelegenen Gebiete des zehnten und zwölften Bezirkes reichte oft der Druck nicht aus, deshalb wurde 1899 der *Wasserturm* errichtet.

Ein echter Zeitzeuge, der Journalist und Sozialreporter *Max Winter* (1870–1937), beschrieb im Jahr 1901 den Bezirk Favoriten in der *Arbeiter-Zeitung*:

Straßenbahnremise Gudrunstraße

»Favoriten ist eine Stadt für sich. Da nahm einer einmal ein Zeichenblatt her, Lineale und Bleistifte und machte auf das Blatt Längs- und Querstriche. Von der Favorita, dem heutigen Theresianum, ging er aus und besiedelte mit dem Bleistift auf dem Papier die öde Landstraße, die sich gegen Himberg hinzog, rasierte die Pappelbäume zur Rechten und Linken, schüttete den Straßengraben zu und ließ an ihren Seiten Häuser entstehen: Fabriken und Wohngebäude. Rotschraffierte Blöcke waren es auf dem Plan, nüchterne, graubraune Häusermassen wurden es in Wirklichkeit. In ödester Einheitlichkeit reihen sich die immer grauen oder braunen, immer düsteren Häuser zu Straßen, zu Längs- und Querstraßen, die von Simmering bis Inzersdorf reichen, oder bilden da und dort Plätze. Diese sind gleich trostlos, wie die Häuser und die Gassen.«

Favoriten wurde wirklich kein Nobelbezirk. Im Gegenteil, die braven Bürger jenseits des Linienwalls nannten ihn *Proletenbezirk*. Denn der zehnte Bezirk wurde – wie kein anderer – ein Bezirk der Arbeiter, die in Fabriken und Ziegelwerken für einen Hungerlohn schufteten. Ihre Sorgen versuchten sie mit billigem Branntwein in den Wirtshäusern wegzutrinken. Fuhrleute, Bahnarbeiter und Begleiter der ungarischen Viehtransporte zählten zu Stammkunden der Favoritner *Beisel*. Ein guter Wirt musste also die Bestellungen auch verstehen, wenn sie auf

Tschechisch, Slowakisch oder Ungarisch gerufen wurden. Aber was die Arbeiter in der vollen Wirtsstube verband, war nicht die Sprache, sondern es waren die katastrophalen Arbeitsbedingungen und die Angst vor Verelendung.

Favoritner Wasserturm

»Behm« und »Ziagelbehm«

Wenn die Favoritner von *de Behm* sprachen, dann meinten sie die Einwanderer aus Böhmen, Mähren und der Slowakei. Welch bedeutender Wirtschaftsfaktor die Zuwanderer für die boomende Stadt waren, zeigt, dass 1910 ein knappes Viertel aller Wiener aus Böhmen und Mähren stammte. Das auffälligste Kennzeichen der *Behm* war ihre rasante Assimilierung. Sie brauchten hier die Arbeit, daher versuchten sie, so wenig wie möglich aufzufallen. Bereits die erste Generation lernte Deutsch, die dritte sprach schon kaum mehr Tschechisch. Trotzdem waren die *Behm* mit ihrem verräterischen Akzent, dem *Böhmakeln*, unter den Wienern nicht immer gern gesehen. Wenn sich Kinder mit dem Schulranzen am Rücken auf der Gasse laut und ungehörig benahmen, mokierte sich mancher Wiener: »De Gfraster kumman sicher aus der tschechischen Schul.«

Gemeint war die Schule des tschechischen Schulvereins *Komenský*, die 1883 in der Quellenstraße 72 eröffnet wurde. Die Schüler mussten allerdings ihre Abschlussprüfungen in Böhmen oder Mähren ablegen. Der sozialdemokratische Lehrer und Politiker *Karl Seitz* unterstützte später die tschechischen Eltern in ihrer Forderung, den Komenský-Schulen das Öffentlichkeitsrecht zu gewähren.

Wenn die Favoritner von *de Ziagelbehm* sprachen, dann meinten sie die tschechischen Arbeiter, die am Laaer Berg und Wienerberg in den Ziegelwerken lebten und arbeiteten. Da sie abgeschlossen von der Umwelt wie in einem Ghetto hausten, wusste man lange nichts von den furchtbaren Zuständen in den Werken. Die Ziegelarbeiter galten als gesellschaftlich deklassiert. *Da draußen am Wienerberg* und *da droben am Laaer Berg* herrschte nach Ansicht der gehobeneren Gesellschaft das Proletariat, dem man nicht trauen durfte. Selbst dem Kaiser waren diese Besitzlosen suspekt.

Alois Miesbach (1791–1857), der erste Besitzer der Ziegelwerke, behandelte seine Arbeiter noch als Patriarch alten Stils und fühlte sich sogar teilweise für sie verantwortlich. Er spendete einen Teil seiner Einnahmen für soziale Einrichtungen wie Krankenhäuser, Kinderbetreuungseinrichtungen und Stiftungen. Als er 1857 starb, bestand

Tschechische Komensky-Schule 1899, Quellenstraße 72

sein Vermögen aus neun Ziegelwerken, zwei Steinkohlebergwerken, einigen Gütern, unter anderem Inzersdorf und Steinhof, sowie mehreren Häusern und Baustellen in Wien. Das Unternehmen erbte sein Neffe *Heinrich Drasche* (1811–1880), der bald zum reichsten Mann Wiens wurde. Das hing mit der Schleifung der Wiener Stadtmauer zusammen.

Kaiser Franz Josef I. fand nämlich, dass es für die mehr als 100 000 Menschen innerhalb der Stadtmauer zu eng wurde, und verfügte im Dezember 1857: »Es ist mein Wille, dass die Erweiterung der Inneren Stadt mit Rücksicht auf eine Verbindung mit den Vorstädten ehemöglichst in Angriff genommen werde.« Damit befahl er, die alte Stadtmauer samt ihren prächtigen Toren und den beliebten Basteien abzureißen, um danach den Prachtboulevard, die Ringstraße, bauen zu können. Die Abbrucharbeiten begannen 1858, fanden aber erst 1874 ihren Abschluss.

Heinrich Drasche witterte seine Chance und wandelte den Betrieb in die *Wiener Ziegelfabrik- und Baugesellschaft* um. Für die Abtragung der Stadtmauer wurden vorwiegend Taglöhner beschäftigt, meist Wanderarbeiter aus Böhmen, Mähren und der Slowakei. Die körperlich fordernde Arbeit war durch die hohe Staubbelastung gesundheitsgefährdend. Die tägliche Arbeitszeit betrug bis zu 18 Stunden. Oft wurde nach Mitternacht bei Fackelbeleuchtung mit Krampen und Schaufel weiter demoliert.

Auch in seiner Ziegelfabrik waren die Arbeitsbedingungen unvorstellbar hart. Was als soziales Unternehmen begonnen hatte, endete in Verwahrlosung und Verelendung. Mehrere Arbeiterfamilien mussten zusammen in einem Zimmer hausen. So konnte es sein, dass in einem Eck jemand starb, während im anderen ein Kind zur Welt kam. Die Arbeiter und Arbeiterinnen, darunter die sogenannten *Maltaweiber*, also Mörtelmischerinnen, wurden nur in Blechmarken bezahlt, die sie ausschließlich in der überteuerten betriebseigenen Kantine einlösen konnten. 15-Stunden-Arbeitstage, siebenmal in der Woche, und Kinderarbeit galten als normal. Ein *Lehmscheiber* musste für 1000 Ziegel 32 Scheibtruhen führen, wobei er durchschnittlich sieben Kilometer zurücklegte – bei jeder Witterung. Am Schlagtisch schlugen Frauen Ziegel in eigene Formen, rund 7000 pro Woche. In die Formen wurde zuerst Sand gestreut, damit der Ziegel nicht haften blieb. Diese Arbeit machten Leute, die zu keiner anderen Arbeit zu gebrauchen waren, die sogenannten *Sandler*.

Der *Ringofen* revolutionierte zwar die Ziegelindustrie, denn der kontinuierliche Brand lieferte zum ersten Mal eine gleichbleibende Qualität der Ziegel, während das Ergebnis in den vorher üblichen Kammeröfen nach jedem Brand anders aussah. Für die Arbeiter brachten die Tag und Nacht brennenden Öfen aber weder Arbeitserleichterung noch Arbeitszeitverkürzung.

Heinrich Drasches Reichtum vergrößerte sich hingegen durch die Ausbeutung seiner Arbeiter immer mehr. Im Zuge der Stadterweiterung erwarb er riesige Baugründe und ließ darauf aus seinen eigenen Ziegeln Mietshäuser bauen. Der Bau der prächtigen Ringstraßengebäude, für die er auch die Ziegel lieferte, machte ihn zu einem der vermögendsten privaten Grundbesitzer und Bauherrn der Gründerzeit. Zwischen 1861 und 1863 ließ er sich gegenüber der Hofoper ein eigenes monumentales, repräsentatives Wohnhaus erbauen, dem er seinen Namen gab: *Heinrichhof*.

Der Journalist und Armenarzt *Victor Adler* (1852–1918), der auch Ziegelarbeiter kostenlos behandelte, wollte das herrschende Unrecht in den Ziegelwerken aufdecken. Er ließ sich deshalb als Maurer verkleidet ins Wienerberger Ziegelwerk einschleusen und freundete sich mit dem sozial engagierten *Karl Kořinek* (1858–1908) an. Was er dort sah, übertraf alle seine Befürchtungen. Nachdem er sich von den unhaltbaren Zuständen in den Ringöfen überzeugen konnte, schrieb er in seiner Zeitung *Gleichheit* einen erbitterten Artikel über die *Sklaven vom Wienerberg.* Dabei übte er sowohl schärfste Kritik am Zustand der Ziegelarbeiter als auch an der damaligen Gesellschaftsordnung, die solche Missstände tolerierte. Damit wurde die Öffentlichkeit erstmals auf die fürchterliche Ausbeutung der aus Böhmen und der Slowakei zugewanderten Ziegelarbeiter aufmerksam gemacht.

Außenansicht der Fabrikanlage am Wienerberg um 1900

Victor Adlers Artikel in der *Gleichheit* vom 1. Dezember 1888 (Ausschnitte):

»Diese armen Ziegelarbeiter sind die ärmsten Sklaven, welche die Sonne bescheint. (...) Der Hunger und das Elend, zu dem sie verdammt sind, wird noch entsetzlicher durch die Wohnungen, in welche sie von der Fabrik oder ihren Beamten zwangsweise eingepfercht werden (...). Man bedenke, schwere Arbeit in freier Luft (...). Aber wenn der elende Hungerlohn auch nur ausbezahlt werden würde! Diese armen Teufel sehen monatelang kein *gutes Geld*, die Auszahlung erfolgt in *Blech*. (...) Dieses Blech wird nur in den einzelnen Partien zugewiesenen Kantinen angenommen, so dass der Arbeiter nicht nur aus dem Werk nicht herauskann, weil er kein *gutes Geld* hat, sondern auch innerhalb des Werkes ist jeder einem Kantinenwirt als Bewucherungsobjekt zugewiesen. Die Preise in diesen Kantinen sind bedeutend höher als in dem Orte Inzersdorf. Und die Qualität der Nahrung denkbar elend. (...)
Nun könnte man fragen: Warum wohnen die Arbeiter nicht in den umliegenden Orten? Erstens bekommen sie für ihr *Blech* keinen Unter-

Wienerberger Ziegelbetriebe, Triester Straße stadteinwärts

stand. Dann führen die Wirte und Partieführer auch strenge Kontrolle. Wer auswärts wohnt, wird entlassen. (...)

In jedem *Zimmer* der Hütten schlafen je drei bis zehn Familien, Männer, Weiber, Kinder, alle durcheinander, untereinander, übereinander. In einem dieser Schlafsäle hat eine Frau in Gegenwart der 50 halbnackten, schmutzigen Männer, in diesem stinkenden Dunst entbunden! Sprechen wir nicht von Schamhaftigkeit, sie ist ein Luxus, den sich nur Besitzende leisten können. Aber das Leben der Mutter ist durch eine Geburt unter solchen Umständen bedroht. Aber was liegt an einem armen Weibe! Für diese Schlafhöhlen lässt sich die Gesellschaft noch *Wohnungsmiete* zahlen.

Die ledigen Arbeiter, Brenner, Heizer, (...) *wohnen* im nicht mehr benützten Ringofen. (...) In einem Raum, der etwa zehn Meter lang, acht Meter breit und höchstens zwei komma zwei Meter hoch ist, liegen 40–60 Personen, für jeden bleiben kaum vier komma drei Kubikmeter Luft, wo 15 Kubikmeter bei der schlechten Lüftung des Raumes ein kaum genügendes Minimum wäre (...) Alte Fetzen bilden die Unterlage, ihre schmutzigen Kleider dienen zum Zudecken. Manche ziehen ihr einziges Hemd aus, um es zu schonen und liegen nackt da. Dass Wanzen und Läuse die steten Bettbegleiter sind, ist natürlich. Ein Schandmal unserer Zeit ist es, dass es Menschen gibt, für die die Ringöfen am Wienerberg ein Zufluchtsort sind.

(...) Es ist ein Verbrechen, dass sich der Fabrikant von dem sauer erworbenen Hungerlohn des Arbeiters einen Teil durch Truck- oder Blechsystem zurückstiehlt. Und dieses Verbrechen wird begangen vor den Toren Wiens, unter den Augen der Gewerbebehörden und der Gewerbeinspektoren. Wenn das Inspektorat zu schwach ist, um gegen die mächtige Gesellschaft aufzukommen, wir werden seine Bemühungen unterstützen. (...)«

Victor Adler erreichte mit diesem Artikel, dass die Gewerbeinspektion das ungesetzliche *Blechgeld* sofort untersagte und die Arbeiter in Bargeld entlohnt wurden. Das galt auch für Drasches Ziegelwerke am Laaer Berg. Die aufgezeigten Missstände führten 1895 zum großen Ziegelarbeiterstreik, an dem sich insgesamt mehr als 10 000 Arbeiter in dreißig Ziegelwerken beteiligten. Erst durch das Eingreifen des sozialdemokratischen Reichsratsabgeordneten *Engelbert Pernerstorfer* handelte die Regierung. Die Löhne wurden erhöht, die Einhaltung des Elfstundentages und der Sonntagsruhe zugesichert und ein ungerechtes Prämiensystem abgeschafft.

Karl Kořinek wurde Obmann der 1905 gegründeten *Union der Ziegelarbeiter*. Nach ersten erfolgreichen Versuchen des Aufbaus einer gewerkschaftlichen Struktur im Zuge des Streiks von 1895 und der darauffolgenden Rückschläge entwickelte sich die Union zu einer gut organisierten Fachgewerkschaft. 1909 konnte schließlich der erste Kollektivvertrag für 17 000 Ziegelarbeiter gewerkschaftlich durchgesetzt werden.

Die Werkskantine am Wienerberg, dem heutigen Gasthaus *Chadim*, wurde von den tschechischen Ziegelarbeitern auch als Geschäft und Veranstaltungsraum genutzt. Victor Adler blieb mit Favoriten und seinen tschechischen Ziegelarbeitern eng verbunden. Immer wieder traf er sich im Chadim mit ihnen, um sie arbeitsrechtlich, aber auch in Gesundheitsfragen zu beraten.

Im Böhmischen Prater und auf der »Kreta«

Die Werkskantinen der tschechischen Laaer-Berg-Ziegelarbeiter befanden sich entlang der Laaer-Wald-Straße umgeben von freier Natur und dichten Bäumen. Auch als das Blechgeld schon abgeschafft war, suchten die Arbeiter weiterhin diese Wirtshäuser auf, um sich an freien Tagen zu erholen.

Einer der geschäftstüchtigeren Werkskantinenwirte beschloss Ende des 19. Jahrhunderts, mehr anzubieten als nur Essen und Trinken, und stellte in seinem Gastgarten einige Spielgeräte auf: für die Kinder eine Schaukel, für die Erwachsenen eine Schießbude, und legte damit den Grundstein für den Vergnügungspark *Böhmischer Prater*. Der wies damals eine Länge von 800 und eine Breite von 80 Schritten auf. Obwohl der Böhmische Prater sowohl von Simmering als auch von Favoriten nur über Lehmsteige und Sandwege erreichbar war, wurde er bald zum beliebten Ausflugsziel. Für die Kinder spielte der Zauberer und der Kasperl, die Jugend amüsierte sich beim Ringe-Werfen und auf der Schiffschaukel.

Bei den Erwachsenen war der Prater vor allem deshalb beliebt, weil man dort tanzen durfte. In Wien waren nämlich lange Zeit öffentliche Tanzveranstaltungen verboten, was aber für den Böhmischen Prater nicht galt. Denn der gehörte noch zu Niederösterreich, wo man gegen solche Vergnügungen keine Einwände hatte. Die meisten Wirte und Schausteller bekannten sich zu ihrem tschechischen Nachnamen. Sie hießen Bocek, Dworacek, Klimes, Swoboda, Sebesta … was aber nicht weiter auffiel, denn die Bewohner der Umgebung hießen ja genauso.

Zwischen den Vergnügungsbetrieben boten Standler kandierte Früchte an oder Salzgurken direkt aus dem Fass. Aus den großen Körben der *Laberlbuben* roch es nach frischem Gebäck. Verkäufer mit Bauchläden wanderten umher und priesen lautstark ihre Kochlöffel, Pfeiferln und Windräder an. Das klang dann etwa so: »Guleffel, Guleffel, Spielerei, ülzerne Ferd, was macht mit Orsch Fiff.«

Die Zusammenkünfte im Prater wurden mit der Zeit aber auch politischer. Ab 1890 trafen sich am 1. Mai in den Wirtshäusern die Favoritner Arbeiterfamilien, um nach dem Aufmarsch den erkämpften *Tag der Arbeit* ausgiebig zu feiern. Mit Essen, Getränken und heißen Diskussionen sowie Kommentaren zu den politischen Kundgebungen. Daran nahmen die Kinder aber nicht mehr teil. Am Ende der Straße lockte nämlich die Wildnis des Laaer Waldes. Auf die Frage: »Mama, dürf ma in Wald?«, gab es meistens keinen anderen mütterlichen Einwand, außer: »Wauns dunkel wird, seids wieder da, sonst setzts was!«

Haspelschaukel im Böhmischen Prater 1897

In der Nähe des Böhmischen Praters liegt am Abhang des Laaer Bergs die *Kreta* von Favoriten. In diesem unattraktiven Gebiet südlich der Absberggasse siedelten sich Ende des 19. Jahrhunderts auch Zuwanderer aus Böhmen und Mähren an, und bald galt diese Gegend als verrufen und unsicher. Genauso unsicher wie damals die griechische Insel Kreta, auf der zur selben Zeit Aufstände gegen die Türken tobten. Hier, im ärmsten Teil Favoritens, wo die meisten Ausgesteuerten lebten, herrschten lange Zeit Not, Elend und Arbeitslosigkeit. Dieses Grätzel galt als Brutstätte der Kriminalität. Die *Kreta-Buam* waren wegen ihrer Wirtshausraufereien und Handgreiflichkeiten im nahegelegenen Böhmischen Prater gefürchtet. Die dort stationierten berittenen Polizisten waren bald heillos überfordert, bis sie die Unterstützung von einem Polizeihundeführer und seiner Hündin *Leni* bekamen. Angeblich gibt es seither Polizeidiensthunde. Berüchtigt waren vor allem die plündernden Jugendbanden. Wer auf der Kreta aufwuchs, gehörte zur

Gathaus Merkwan im Böhmischen Prater 1905

Kreta-Bande. Wer auf der anderen Straßenseite wohnte, gehörte zum *Feind*. Der *Erzfeind* kam allerdings aus Simmering.

Im Kreta-Viertel wohnte auch ein österreichischer Schriftsteller, der über diese verarmten Favoritner schrieb. *Hans Weinhengst* (1904–1945) lebte hier in den Zwanzigerjahren in der Thavonatgasse 4 (der späteren Kempelengasse). Das Elend der Arbeiterschaft hatte Weinhengst am eigenen Leib erfahren. Seine Wohnung, die er sich mit Frau und Tochter teilte, bestand aus einer kleinen fünfeckigen Küche und einem dunklen Zimmer von zirka zehn Quadratmetern mit einem einzigen kleinem Fenster.

In seinem tragischen Roman *Turmstraße 4* beschreibt er seine eigene Wohngegend. Das graue Haus mit verfallener Fassade und den halb verwitterten Figuren über den Fenstern, in dessen Nischen die Mieter Blattpflanzen oder Kakteen zur Behübschung stellten. Das schmale Stiegenhaus, die engen Gänge, der erdrückende Lichthof und innen die winzigen Wohneinheiten, in denen oft acht Personen eng aneinandergepfercht wohnten. Im Stiegenhaus pro Stockwerk sechs ekelhaft stinkende Aborte für 14 Familien und ein einziger Wasserhahn pro Etage. Weinhengst zeigt auf, wie sich hier neben der Armut auch der Stumpfsinn, die Verzweiflung, der Hass breitmachen konnten. Von lärmenden Krawallen im Haus erzählt er und wie Konflikte zwischen den Hausparteien und innerhalb der Familien die Gemüter erhitzten; aber er weiß auch, dass die wahre Ursache dieser Streitereien meistens das Elend ist, das doch allen gemeinsam ist.

Auf dem Gebiet der *Kreta* entstand aber auch ab 1886 ein soziales und engagiertes Wohnprojekt, das *Arbeitercottage Favoriten*. Dieser älteste soziale Wohnbau des berühmten Architekten Josef Unger

Arbeitercottage Favoriten 1940

Arbeitercottage heute

war für die damalige Zinskasernen-Wohnkultur außergewöhnlich – und blieb lange einzigartig. Es umfasst das Areal zwischen Absberg-, Puchsbaum-, Schrankenberg- und Kiesewettergasse.

Als Vorbild dienten die Reihenhäuser in England mit den kleinen Vorgärten oder Hinterhöfen. Die 18 Häuser hatten schon damals einen direkten Innenanschluss für Wasser, und auch die Klosettanlagen waren mit Fließwasser ausgerüstet. Jedes Haus war für zwei bis drei Familien oder eine Großfamilie mit mehreren Verdienern vorgesehen. Die Wohnfläche pro Einheit betrug zwischen 67 und 97 Quadratmeter, die Gartenfläche zwischen 29 und 68 Quadratmeter. Innerhalb von 25 Jahren sollten die Bewohner durch ihren Mietzins und einen zusätzlichen Baukostenzuschlag ihr Haus als Eigentum erwerben können. Das konnten sich die wenigsten leisten, daher wurde der Verein 1886 an die *Kaiser-Franz-Josef-Jubiläumsstiftung* übertragen und die Mietverträge wurden in normal übliche umgewandelt.

Die »Webergründe« im Triesterviertel

Im Süden von Favoriten lagen die Ziegelarbeiter-Siedlungen, im Osten befanden sich die Kreta-Insel und das Arbeitercottage. Und im Westen, südlich des Matzleinsdorferplatzes zwischen Triester Straße und Gußriegelstraße, breiteten sich die sogenannten *Webergründe* aus. Dieses Riesenareal an der Knöllgasse zwischen Quellenstraße und Davidgasse gehörte seit Ende des 19. Jahrhunderts dem Großfuhrwerker *Karl Weber* (1857–1933). Seine ersten Stallungen befanden sich in den Höfen der *Weberhäuser* in der Buchengasse 166–170.

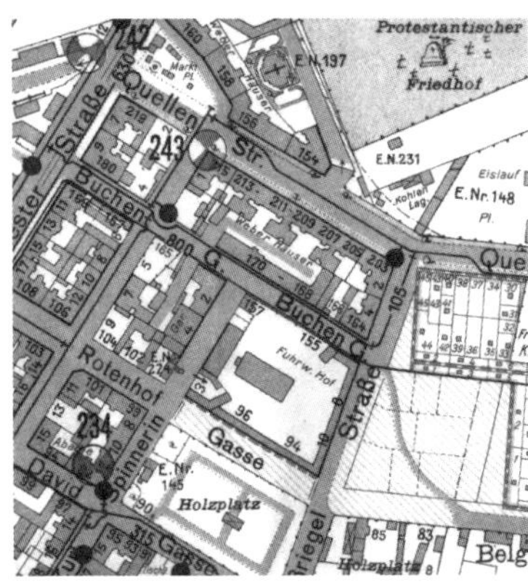

Webergründe im Triesterviertel

Viele Zuwanderer aus Böhmen und Mähren fanden dort ihre Bleibe, denn Arbeit gab es im Fuhrwerk genug. So viel, dass Karl Weber sein Unternehmen erweitern musste. 1903 errichtete er auf seinen Grundstücken zwischen Gußriegel-, Buchen- und Rotenhofgasse einen größeren Fuhrwerkhof. 200 Pferde, darunter auch Fiakerpferde, waren dort untergebracht, aber auch Kühe, Schweine und Hühner. Da er seine Aufträge vorwiegend von der Gemeinde Wien bekam, florierte das Unternehmen. Durch den Bau der Ringstraße bekam er viele Großaufträge von Ziegel, Sand und Zement. Für private Ausflüge konnte man aber auch eine bequemere Kutsche mieten, den *Landauer*. Seine Pferde zogen die Mist- und Spritzwagen durch Favoriten, die *Weber-Kutscher* lieferten Eisblöcke und Kohle sogar bis in die Wohnungen. Für seine Kutscher und deren Familien ließ Karl Weber dreißig Zinswohnhäuser bauen. So entstanden die Häuserzeilen auf der Quellenstraße Nr. 154–160 und Nr. 203–215. Außerdem sorgte er für gute Infrastruktur, denn hier im Grätzel war alles schnell erreichbar: der Schuster, der Schneider, der Tischler und der Uhrmacher. Der Kohlenhändler hatte hier sein Lager und der Hufschmied seine Werkstatt. Für die Lebensmittelversorgung gab es den Greißler, den Fleischhauer und die Kräutlerin. Wobei die Kutscherfamilien in kleinen Gartenparzellen sogar ihr eigenes Gemüse anbauen konnten. Bis hinauf zur Hellerfabrik reichte ihr *Grabeland*.

Die Bewohner der *Weber-Gründe* lebten in dieser geschlossenen Dorfgemeinschaft am Rand von Favoriten, in dem sogar das eigene *Weber-Kino* in der Quellenstraße 156 für Unterhaltung sorgte. Es war eine Gemeinschaft, die mehrere Generationen hindurch anhielt, mit einem Arbeitgeber, der sich sowohl für seine große Familie als auch für seine Bediensteten verantwortlich fühlte. Karl Weber traf sich regelmäßig mit seinen Mitarbeitern im eigenen Gasthaus Ecke Quellenstraße/Knöllgasse zum Essen, zum Verteilen der Aufträge oder zu betriebsinternen Versammlungen. Er galt als guter Gastgeber bei politischen Vorträgen. Auch sozialistische Politiker wie Engelbert Pernerstorfer hielten dort Vorträge vor einem höchst interessierten Publikum.

Der Umstieg von Pferdekutschen auf Lastwagen gelang nicht allen Fuhrwerkunternehmen. Auch Karl Webers Nachkommen scheiterten letztlich daran und mussten das Unternehmen an die Autofirma Tarbuk verkaufen. Bald nannten die Favoritner die *Weber-Gründe* nur mehr *Tarbuk-Gründe*.

Als man die Straßenbahn von der Triester Straße in die Knöllgasse verlegen wollte, störte das mittlere Haus der geschlossenen Front. Also wurde das Haus Nr. 158 kurzerhand abgerissen und die Gleise im entstandenen Durchbruch verlegt. Seither fährt die Straßenbahn durch diese von zwei mächtigen Feuermauern begrenzte *Durchbruch-Schleuse*.

Viele der Weber-Zinshäuser sind heute noch erhalten und bewohnt. Manche sogar von Karl Webers Nachkommen.

Schleuse durch die Knöllgasse

Weber-Häuser in der Quellenstraße

Fabriken in Favoriten

Favoriten war vor allem ein Industriebezirk. Schon vor der 1848er-Revolution siedelten sich hier Fabriken an, die Teerfabrik Bosch war eine der ersten. Auch in der Nähe der Bahnhöfe gab es genug billigen Boden für die platzaufwändigen Industrieanlagen. Obwohl das Konzept eigentlich die Trennung von Wohnort und Arbeitsplatz vorsah, entstanden bald rund um die Fabriken ganze Wohnviertel für die Fabrikarbeiter. Inmitten von Fabriklärm, Rauch und Gestank hausten hier die Arbeiterfamilien, die sich wegen ihres geringen Lohns keine bessere Wohngegend leisten konnten.

Die Organisation des Fabriklebens funktionierte lange Zeit wie beim Militär. Aufseher und Werkmeister gewöhnten ihre Arbeiter mit abschreckenden Zwangsmaßnahmen an die ungewohnte Fabrikdisziplin, um jeden Widerstand im Keim zu ersticken. Die Arbeit in den Fabriken war äußerst hart, davon konnte mein Urgroßvater seinen Kindern und Enkelkindern viel erzählen. 14 bis 16 Stunden täglich, oft mieseste Drecksarbeit, der Arbeitsrhythmus wurde von den Maschinen bestimmt. Das Mittagessen musste schnell eingenommen werden, im Stehen aus dem Reindl, und dann ging es wieder sofort an die Maschinen.

Die vielen Arbeitsstunden an den Maschinen führten bei vielen Arbeitern zu Muskelschwäche und Rückenleiden. Die Arbeitsräume waren dunkel, staubig, zugig und schlecht beheizt. Deshalb litten viele Arbeiter an chronischer Augenentzündung sowie Nasen- und Rachenkatarrh. Und durch die mangelnden Hygienemaßnahmen am Arbeitsplatz konnten sich dort viele Seuchen verbreiten, vor allem die *Proletarierkrankheit* Tuberkulose. Es gab kein funktionierendes Gesundheitswesen, und einen privaten Arzt konnte sich kein Arbeiter leisten. Es war auch kaum möglich, die ausgefallenen Verdienste im Krankheitsfall auszugleichen, denn längere Krankheiten waren mit sozialem Abstieg und völliger Verarmung verbunden. Hilfe von kirchlichen Organisationen anzunehmen, war der letzte Ausweg, den jeder gerne vermeiden wollte.

Für die materiellen Nöte der Arbeiter hatte die Regierung

lange kein Verständnis. Ein menschenwürdigeres Leben musste sich die Arbeiterschaft erst schwer erkämpfen. 1849 erschien die wohl bekannteste sozialistische Schrift von Karl Marx, das *Kommunistische Manifest* in der *Arbeiter-Zeitung*:

»Die Geschichte aller bisherigen Gesellschaft ist die Geschichte von Klassenkämpfen. Freier und Sklave, Patrizier und Plebejer, Baron und Leibeigener, Zunftbürger und Gesell, kurz, Unterdrück*er* und Unterdrück*ter* standen in stetem Gegensatz zueinander, führten einen ununterbrochenen, bald versteckten, bald offenen Kampf, der jedesmal mit einer revolutionären Umgestaltung der ganzen Gesellschaft endete, oder mit dem gemeinsamen Untergang der kämpfenden Klassen.
Die aus dem Untergang der feudalen Gesellschaft hervorgegangene moderne bürgerliche Gesellschaft hat die Klassengegensätze nicht aufgehoben. Sie hat nur neue Klassen, neue Bedingungen der Unterdrückung, neue Gestaltung des Kampfes an die Stelle der alten gesetzt ...«

Doch nicht nur die wirtschaftliche Umgestaltung des Staates stand im Mittelpunkt der sozialistischen Bestrebungen. Der ganze Mensch in seinem Denken und Handeln sollte verändert werden. Bildung müsse jedem offen stehen, um die Gründe für ihren Zustand besser verstehen zu können. Die Solidarität, der gemeinsame Kampf und wissenschaftlicher Fortschritt sollten das Elend der Arbeiterschaft beenden. Bald wollten die meisten Arbeiter nicht nur Proleten sein, sondern auch als solche erkannt werden. Allein schon an der Kleidung:

Den Frack trägt jeder Scharlatan, der Stutzer seinen Kittel.
Den grünen Rock der Jägersmann, der Hofrat seinen Titel.
Tiefschwarz erscheint die Geistlichkeit, vom Kopfe bis zum Fuße.
Das stolzeste, das schönste Kleid, ist meine blaue Bluse.

Viele Gebäude in Favoriten sind äußerlich noch als ehemalige Fabrik erkennbar, an manchen Fassaden findet man sogar Informationen über die Geschichte des Hauses. Aber meist bedarf es intensiver Nachforschung, um Genaueres zu erfahren. Vor allem, wenn man sich auch für jene Fabriken interessiert, die schon längst abgerissen sind, an die nur mehr ein Foto erinnert oder Erzählungen von ehemaligen

Fabrikarbeitern. Ich weiß zum Beispiel von meinen Großtanten, dass sie in der Tubenfabrik *Vetter* gearbeitet haben, die Ecke Buchengasse/ Laxenburger Straße stand. Aber ein Foto von diesem angeblich großen, imposanten Gebäude konnte ich leider nicht mehr finden. Zum Glück gibt es aber von anderen typischen Favoritner Fabriken Aufzeichnungen und Erinnerungsfotos.

Hutter & Schrantz

1884, Laxenburger Str. 66

Zum Beispiel die Fabrik von Michael Hutter und Johann Schrantz, die ein prächtiges Gebäude war. Ich habe sie als Kind bewundert, aber leider nicht fotografiert. Zunächst war hier eine Werkstatt für Siebwaren, doch bekannter wurde das Unternehmen vor allem durch Gitter, Zäune und andere Metallwaren. Die Firma hatte auch in anderen Kronländern ihre Niederlassungen.

Heute: Supermarkt

Weil die Fassade des Hauses unter Denkmalschutz steht, blieb sie beim Umbau in einen Supermarkt erhalten. Wenn ich durch das Tor gehe, denke ich oft daran, dass meine Großtante, die 1927 in dieser Fabrik gearbeitet hat, sich von dort aus der Demonstration gegen das *Schattendorf-Schandurteil* angeschlossen hat, die schließlich zum Brand des Justizpalastes geführt hatte.

C. P. Goerz G. m. b. H.

1907, Sonnleithnergasse 5

Die Firma Goerz-Wien produzierte früher optisch mechanische Sicht- und Ortungsgeräte für das jeweilige Militär. Erst nach dem Zweiten Weltkrieg erzeugte die Firma Goerz Electro vor allem Messgeräte für die Friedenswirtschaft, Brillengläser für Krankenkassen, Theatergläser

Goerz 1942 Fräserei

und Filmkameras. Auch hier habe ich Familienbezug, denn in den 1950er Jahren waren in dieser riesigen Fabrik sowohl meine Großtanten als auch mein Vater angestellt.

Lampenfabrik Ditmar

1898, Leebgasse/Erlachgasse, ab 1918 Parfümerie- und Seifenfabrik

Wo sich heute der Werkzeuglieferant *Spiral* befindet, wurden einst Lampen produziert. Das Unternehmen hatte viele Zweigstellen in den Kronländern und machte enorme Profite. Die hohen Gewinne verdankte die *Lampen- und Metallwarenfabrik R. Ditmar* aber vor allem den schlechten Arbeitsbedingungen und den niedrigen Löhnen der Arbeiter und der noch schlechter bezahlten Arbeiterinnen. Als die Frauen 1906 mit Streik drohten, falls die Löhne nicht erhöht würden, reagierte der Firmenleiter mit der *Aussperrung* von Arbeiterinnen. Den Frauen wurde damit der Zutritt zu ihren Arbeitsstätten untersagt und die Löhne ausgesetzt. Die sozialistische Frauenrechtlerin *Adelheid Popp* kam ihnen damals zu Hilfe. Sie verurteilte die unmenschliche Aktion des Fabrikbesitzers als *Scharfmacher-Taktik* und beriet die verzweifelten Frauen in gewerkschaftlichen Fragen.

Ab 1918 war in diesem Gebäude eine Seifenfabrik untergebracht. Die Besitzer der Fabrik wohnten in der Nähe am Laubeplatz. Als junge Mutter musste meine Großmutter Steffi Sokopp dazuverdienen, da die Invalidenpension ihres Mannes Jakob zu gering war, um die vier-

Lampenfabrik/ Seifenfabrik heute

köpfige Familie zu ernähren. Es war für mich ein emotionaler Moment, als ich diese Annonce in *ANNO* entdeckte, die ihr offensichtlich zu dem Posten als Hausgehilfin in der Wohnung der Fabrikbesitzer verholfen hat.

Nette Bedienerin
mit guter Nachfrage
sucht Posten, auch Gründlichmachen.
Steffi Sokopp, 10. Bez.,
Troststraße 64,
5. Stiege, 1. Stock, T. 7.
8768—6wh

Annonce meiner Großmutter 1927

Freissler – Maschinen und Aufzüge

1873, Erlachplatz 3, Erlachgasse 118, gegenüber Erlachpark

Genau gegenüber der Seifenfabrik und dem Erlachpark stand ab 1873 die Freissler Maschinenfabrik. Der k. u. k. Hoflieferant Anton Freissler war der erste Hersteller elektrischer Personen- und Lastenaufzüge in Österreich. Allein bei der Wiener Weltausstellung 1873 präsentierte er acht seiner Aufzüge. 1909 errichtete er einen Paternoster im Haus der Industrie am Schwarzenbergplatz, der sogar heute noch in Betrieb ist. Ein Jahr später meldete er sein Patent an, das eine Verbesserung für die Steuerung der Aufzüge in den Krankenhäusern bedeutete.

Freissler, Erlachplatz

Für seine Mitarbeiter in Favoriten, die in den Zinskasernen hausten, waren Aufzüge sicher nicht von Bedeutung. Viel bedeutsamer waren für sie die besonders guten Arbeitsbedingungen in dieser Fabrik. Freissler war bekannt für die soziale Fürsorge gegenüber seinen Arbeitern. Er war sich der unzureichenden Versorgung der arbeitenden Menschen bewusst und richtete in Wien als Erster eine *allgemeine Krankenkasse* ein, deren Ehrenmitglied er später wurde. 1889 ließ er für die Arbeiter sogar ein eigenes Wohnhaus einrichten.

Felten & Guilleaume

1893, Gudrunstraße 11

Dieses Traditionsunternehmen stellte Seile her, die man für das Transportwesen, für Brunnen, für Flaschenzüge, aber auch zum Läuten der Glocken brauchte. In Wien Favoriten errichtete *Felten & Guilleaume* eine Tochtergesellschaft der Stahl- und Kupferwerke AG. In dieser Kabelfabrik und Drahtseilerei wurden Kabel für elektrisches Licht und Stromübertragung erzeugt sowie für Telegrafen und Telefone. Ab 1898 waren hier bereits 350 Personen permanent beschäftigt. An der Ecke Gudrunstraße/Kempelengasse gab es sogar eine Branntweinschenke, die *Zur Drahtfabrik* hieß.

Felten & Guilleaume, Gudrunstraße

Wagenmann – Erste Wiener Petroleum-Raffinerie

Um 1890, Laaer-Berg-Straße 20, südlich von Amalienbad

Das Licht in den Favoritner Wohnungen kam lange Zeit aus den Petroleumlampen. Auch als auf der Straße schon die Gaslaternen standen. Das Petroleum wurde in der Raffinerie in der Laaer-Berg-Straße raffiniert, und beim Greißler nebenan konnte man es kaufen. Diese Lampen waren viel billiger und auch heller als die damals teuren Kerzen. Außerdem hielten sie länger, mit einer Tankfüllung leuchteten sie zwanzig Stunden lang. Das Leuchten kam von den Rußteilchen, die in der Flamme zur *Weißglut* erhitzt wurden, und daher strahlten sie sichtbares Licht aus.

1893 eskalierte ein Arbeiteraufstand gegen die ausbeuterischen Methoden der Arbeitgeber. Die schweren Krawalle auf dem Columbusplatz hielten zwei Tage lang an.

Brown-Boveri-Werke

1891, Gudrunstraße 187

1891 entstand hier die älteste Firma Österreichs für elektrische Anlagen. Eine Fabrik, die sowohl Telegrafenbauanstalt war als auch Werkstatt für Starkstrom. 1910 wurde sie von Brown Boveri übernommen und

↑ *Wagenmann, Petroleum-Raffinerie* ↓ *Brown-Boveri-Werke 1984*

erweitert. Das mit Sichtziegeln ausgestattete Verwaltungsgebäude beeindruckte durch die historistische Putzgliederung und war eine der Herzeigefabriken von Favoriten.

Im Nationalsozialismus entstand in der Belegschaft eine Widerstandszelle. Am Gebäude befand sich später eine Gedenktafel für sechs Mitglieder einer kommunistischen Betriebsgruppe unter Leopold Weinfurter. Bis Sommer 2014 wurde das frisch renovierte Gebäude noch als Berufsförderungsinstitut genutzt. Aber Anfang 2015 erfolgte – trotz vieler Proteste – der Abriss des Gebäudes, um es durch einen Neubau zu ersetzen. Damit war ein Großteil der Favoritner Bevölkerung nicht einverstanden, denn das Gebäude war zuvor aufwendig renoviert und modernisiert worden.

Maschinenfabrik Topham

1872, Gudrunstraße ca. Nr. 157, vormals Simmeringer Straße

Die Gudrunstraße hatte früher mehrere Teile und deshalb verschiedene Namen, wie Geißelberger Weg, Kroatengasse oder Simmeringer Straße.

Das Unternehmen Topham wurde 1853 von George Topham, dem Sohn eines Londoner Maschinenfabrikanten, gegründet. Zunächst bestand die Belegschaft aus lediglich 15 Arbeitern. Durch die gute Auftragslage konnten sie 1872 in eine eigene Fabrik in der heutigen Gudrunstraße übersiedeln. Hier wurden unter anderem Holzbearbeitungsmaschinen erzeugt, Dampfmaschinen mit Schiebesteuerung, hydraulische Pressen und Pumpwerke. Die Spezialität der Firma aber war das Vollgatter nach dem System *Topham*. Das Unternehmen erbte der Enkel Albert Edward Jones, der im Jahr 1898 bereits 18 Beamte und rund 200 Arbeiter beschäftigte.

Maschinenfabrik Topham um 1900

Auf dem alten Foto von etwa 1900 kann man die Gleise erkennen, die nach links abbogen, wo sich seit der Weltausstellung 1873 die Straßenbahn-Remise befand. Damals nur ein kleinerer schlichter Rohziegelbau mit einer runden Uhr in der Mitte der Fassade. Die großen Gebäude für Verwaltung und Abfertigung wurden erst in den

Jahren 1914 bis 1915 dazugebaut, auf der Adresse Gudrunstraße 159 und 159a, genau dort, wo einst die Maschinenfabrik Topham stand. Das Haus rechts auf dem Foto steht heute noch, es ist das Hotel Caroline an der Adresse Gudrunstraße 138.

Schmidtstahlwerke 1967

Schmidtstahlwerke

1892, Gussstahl und Feilen, Favoritenstraße 213

Das Riesenareal dieser Stahlwerke erstreckte sich ungefähr von der heutigen Katharinengasse bis zur Maria-Rekker-Gasse. Ursprünglich als Feilenfabrik gegründet, wuchsen die Schmidtstahlwerke in der Monarchie zu einem riesigen Unternehmen an. Hier in Favoriten waren in dem Stahlhammerwerk und in der Gussstahlhütte bis zu 1500 Arbeiter beschäftigt. Im Ersten Weltkrieg wurde hier vor allem Kriegsmaterial wie Geschoßhülsen hergestellt. Später wurde Schmidt durch die Erfindung des TOR-Stahls bekannt, die er sich 1935/36 patentieren ließ. Dieser Betonstahl oder Bewehrungsstahl ist seither die Basis für die Verstärkung für den Stahlbetonbau.

ABG-Baumaschinen

1900, Siccardsburggasse/Buchengasse/Leebgasse

Der Produktionsschwerpunkt der ABG (Allgemeine-Baumaschinen-Gesellschaft) lag in der Fertigung von Bauteilen für die *Marine-Artillerie Leichter*. Die imposante dreischiffige Ziegelhalle der Maschinenfabrik mit zarter Eisenkonstruktion und filigranem Glasdach zählt zu den markantesten Industriebauten des zehnten Bezirks. Dieses Fabrikgebäude befindet sich gegenüber dem ehemaligen Fabrikgebäude der Firma Luzzatto. 1900 erbaut, steht es heute unter Denkmalschutz.

ABG-Baumaschinen

Maschinenfabrik Luzzatto

1889, Quellenstraße 149/Buchengasse 95–97/Siccardsburggasse/Leebgasse

1889 beherbergte dieser Industriebau Werkstatthallen, Schmiede, Kessel- und Maschinenhaus und Wohnhaus für den Fabrikanten sowie sämtliche Nebengebäude. Alles in schönster Sichtziegelbauweise, ist es noch heute ein Zeugnis Favoritner Industriekultur. Aber auch für die Geschichte des Sozialismus ist diese Fabrik von Bedeutung.

1899 kaufte der aus Triest stammende jüdische Industrielle Maximilian Luzzatto die Fabrik. Seine Frau *Elisabeth Luzzatto*, eine geborene Grünbaum, gehörte zu den prominenten Frauenrechtlerinnen

Luzzatto-Fabrik, Quellenstraße

und Sozialistinnen der Jahrhundertwende. Sie war gemeinsam mit Adelheid Popp Mitbegründerin des Frauenvereins *Diskutierclub*, in dem über Frauenwahlrecht, freie Erziehung und Ehe diskutiert wurde, aber auch über den Weg zum Sozialismus. 1911 veröffentlichte sie eine 444-seitige Geschichte des Sozialismus von den alten Griechen bis zur 1848er-Revolution. Obwohl die Luzzattos schon vor der Eheschließung zum Protestantismus übergetreten waren, wurde ihnen die politische Lage 1934 zu gefährlich, sie verkauften die Fabrik und emigrierten nach Amerika. Die neuen Besitzer, *Franke und Stolz*, hatten zwar ihren Stammsitz in Mähren, führten aber die Wiener Fabrik als Nebenstelle weiter.

Im Zweiten Weltkrieg wurde die Fabrik durch zwei Bombentreffer beschädigt. Eine Bombe schlug im südöstlichen Teil des Gebäudes ein. Ihre Zerstörung ist heute noch im Grundriss zu erkennen. Hier befindet sich derzeit eine Niederlassung der Firma Profi Reifen. Zum Glück wird dieses Architekturjuwel heute als Gebietsbetreuung Favoriten genutzt.

Automobil- und Flugzeugfabrik Steyr-Werke

1916, Laxenburger Straße 131–135

Das Fabrikgebäude für die Automobil- und Flugzeugfabrik Steyr-Werke wurde in den Jahren 1916 bis 1918 errichtet. 1934 entstand durch Fusionen die *Steyr-Daimler-Puch AG*. Sie produzierte Fahrräder, Motorräder, Automobile, aber auch Waffen. Hier in der Fabrik entwickelte sich ein Zentrum der Favoritner Arbeiterbewegung. Zwischen 1942 und 1945 befand sich hier allerdings ein Gemeinschaftslager für Zwangsarbeiter.

Korkverarbeitungsfabrik Llosent und Forschner

1910, Davidgasse 97

Der in Plattenform aus Spanien und Portugal gelieferte Kork wurde zu verschiedenen Endprodukten verarbeitet, hauptsächlich zu Flaschenkorken. Die Korkfabrik Llosent und Forschner war lange Zeit sehr erfolgreich. Seit die Erzeugung nach Niederösterreich verlegt wurde, wird das prächtige Gebäude als Wohnhaus genützt. Der berühmte Firmenname prangt aber heute noch in großen Lettern auf der Fassade.

Ehemalige Korkfabrik Llossent

Teerfabrik Bosch am Boschberg

Teerfabrik BOSCH am Boschberg

1847, Laxenburger Straße/Windtenstraße 1, spätere Sahulkastraße

Der Schrebergarten meiner Großeltern in der Neilreichgasse lag in der Nähe einer Teerfabrik; meine Tante erinnerte sich an den unangenehmen Geruch, der oft zu ihnen hinüberwehte.

Diese *Erste österreichische k. k. private Theerproducten-Fabrik* gehörte der Familie Bosch, die unter anderem Isolierungen von feuchten Mauern und Fußböden anbot. Viele Bewohner der feuchten, schimmeligen Arbeiterwohnungen litten zwar bereits an Augenkrankheiten und Tuberkulose, konnten sich aber diese Dienste trotzdem nicht leisten.

Da ich in einem Garten am Boschberg wohne, interessierte mich natürlich diese Fabrik, der unsere Gartensiedlung offensichtlich ihren Namen verdankt.

Papier- und Kuvertfabrik Adolf Reiss

1908, Davidgasse 87–89

Die Firma Adolf Reiss stellte Briefkuverts, Briefmappen und Papierwaren für Papierhändler und Buchdrucker her. 1,5 Millionen Kuverts pro Tag produzierte die Fabrik, von denen rund 80 Prozent für den weltweiten Export bestimmt waren. Da Adolf Reiss Jude war, erfolgte 1938 die Arisierung an Hauptsturmführer Josef Jarausch und Hugo Rothe. Die neuen Herren benannten die Papierfabrik sofort in *Roja* (Rothe & Jarausch) um.

Ehemalige Papierfabrik Reiss heute

Zigarettenpapierfabrik »Abadie«

1910, Davidgasse 92–94

1910 übernahm die französische *Abadie-Papier-Gesellschaft* die Zigarettenpapierfabrik in der Davidgasse. 700 Arbeiter, vor allem Frauen, stellten 300 Millionen Zigarettenhülsen pro Jahr her. Weil Abadie-Zigarettenpapier nur aus reinen, ungebrauchten Faserstoffen aus Paris hergestellt wurde, erlangte diese Marke in der ganzen Welt besondere Popularität. Bekannt waren auch die Werbeaktionen der Firma. »Ob Nobel- oder Lumpenball – rauch Abadie auf jeden Fall«, hieß es, und den Produkten wurden Sammelbildchen Flaggen, Wappen, Schlösser oder Sportbilder beigelegt.

Ehemalige Abadiefabrik heute

1938 wurde die Firma als jüdisches Eigentum von den Nazis *arisiert.* Gearbeitet wurde bei Abadie auch während des Zweiten Weltkrieges, und viel wurde an die Front geliefert. Unter anderem auch WC-Papier und Papierservietten.

Lauberger Piano-Forte-Fabrik

1891, Troststraße/Spinnerin/Knöllgasse 71

Die *Hof-Piano-Forte-Fabrik* Lauberger und Gloss erzeugte Salonflügel, Pianos, Pianinos und Elektro-Pianos. Später auch Holz-Drehsessel und Holzsärge. Zwei große Holz-Lagerplätze befanden sich in der Nähe der Fabrik.

Nach dem Ende des Zweiten Weltkrieges konnte die Firma bald wieder eröffnet werden, denn es mussten stark beschädigte Klaviere und Pianos repariert werden. Da die Firma mit der sowjetischen Verwaltung gut kooperierte, wurden auch russische Pianinos repariert, für drei wiederhergestellte Instrumente bekam die Firma als Bezahlung eines, das sie selbst verkaufen konnte.

Als Kind hab ich von meinen Eltern ein Pianino bekommen. Angeblich konnten sie es während der sowjetischen Besatzungszeit günstig erwerben. Ich war die Einzige im Klavierunterricht, die auf einem Pianino übte, auf dessen Innendeckel mit goldenen zyrillischen Buchstaben Красный Октябрь (Roter Oktober) stand. Ob mein Klavier wohl damals in diesem Tauschhandel eine Rolle gespielt hat?

Lauberger Klaviere 1919

Ehemalige Lauberger Klavierfabrik heute

Heller-Schokoladefabrik

1899, Belgradplatz, 3–5/Davidgasse

Die Brüder Gustav und Wilhelm Heller errichteten zwischen 1898 und 1914 eine imposante Fabrik am Belgradplatz für die Produktion von Schokolade, Zuckerln und anderen Süßigkeiten. Die Arbeitsbedingungen in der Firma waren hart und gefährlich. Das Rohmaterial wie Kakao und Zucker wurde in den Maschinen gemahlen, geschmolzen, gemischt, in Formen gegossen und die Ware schließlich verpackt.

Während die Arbeiter in der Fabrik tagtäglich an den Maschinen um wenig Geld schufteten, wurde der Fabrikbesitzer Gustav Heller zum k. u. k. Hoflieferanten ernannt. Er verdiente so gut, dass er sich auch Niederlassungen in London, Paris und New York leisten konnte. In Glanzzeiten gab es hier 1400 Mitarbeiter und viele Heimarbeiterinnen, die aus bunten Bändern die zarten Maschen für die Bonbonniereschachteln herstellten.

Auch meine beiden Großtanten Hilda und Wicki fabrizierten daheim im Akkord diese Dekorationen für die Firma Heller. Mit unzähligen Schachteln bepackt gingen sie dann zu Fuß die fertige Ware in die Fabrik *liefern*, wie sie es nannten. Beim Hintereingang empfingen sie ihren kargen Lohn und neues Material für die nächsten Tage. Auch als meine Großtanten schon in Rente waren, stellten sie zur

Hellerfabrik 1930

Weihnachts- und Osterzeit und für den Muttertag immer noch die bunten Mascherln für die Heller-Bonbonnieren her. Als kleines Kind beobachtete ich sie gerne dabei, wenn sie, mit der Brille auf der Nase, ganz nah beim Fenster saßen und arbeiteten. Zuerst banden sie einige Bahnen über ein langes Holzstück, in dem Löcher vorgestanzt waren. Flink und mit geübten Fingern stachen sie danach in regelmäßigen Abständen mit einer großen Nadel durch die Stoffbahnen, und zwar genau durch die Löcher. Ich höre heute noch das knirschende Geräusch dieser Tausenden Stiche. In Windseile konnten sie danach den Draht durch die vielen Löcher stecken und die entstehenden Schlaufen zu einer Blume binden. Beim Schlichten in die Pappschachteln half ich mit, und auch beim Ausliefern war ich dabei.

Ankerbrot – Hammerbrot

Von Zeit zu Zeit fuhr ein Pferdewagen an uns vorbei, der einen Lieferwagen zog mit der Aufschrift *Ankerbrot* oder *Hammerbrot*. Mir schmeckten die Backwaren von beiden Bäckereien gleich gut, erst später erfuhr ich mehr über diese beiden rivalisierenden Brotfabriken.

Die Wiener Brüder Heinrich und Fritz Mendl gründeten 1891 die Wiener Brot- und Gebäckfabrik. Diese Fabrik war Schauplatz zahlreicher Arbeitskämpfe. 1894 wehrten sich die Bäckereiarbeiter gegen die Aussperrung einiger Kollegen, die auf die unmenschlichen Zustände in der Brotfabrik hingewiesen hatten. Der Arbeitskampf wurde von der *Arbeiter-Zeitung*, der Gewerkschaftskommission und der Sozialdemokratischen Arbeiterpartei unterstützt; der durch den Boykottaufruf bedingte empfindliche Umsatzrückgang bewegte die Brotfabrik schließlich zum Einlenken. 1906 wählte die Firma als Markenzeichen den *Anker*, als Symbol für Vertrauen und Sicherheit.

Die Achtstundenschicht wurde hier zuerst eingeführt und die Gehilfenorganisation de facto als Tarifpartner anerkannt. Dennoch kam es auch in den folgenden Jahren immer wieder zu Arbeitsniederlegungen, und beim großen Bäckerstreik im Frühjahr 1907, der beinahe vier Wochen lang dauerte, gehörten die Gebrüder Mendl zu den Scharfmachern auf Unternehmerseite, die damit drohten, die Streikbewegung mit arbeitslosen Bäckern als Streikbrechern zu unterlaufen.

Ankerbrot-Fabrik

Ankerfabrik heute: Künstlerviertel

Kronenbrotwerke

1895 wurden die Kronenbrotwerke gegründet und maschinell modern eingerichtet. Die Besitzer legten großen Wert auf qualitätsvolle Herstellung des Brotes. Auch die Arbeiter der Fabrik waren sozial besser gestellt. Die gesamte Arbeiterschaft erhielt auf Kosten der Firma Arbeitskleider beigestellt, auch Duschbäder und eigene Ess- und Ruheräume standen den Arbeitern zur Verfügung. Zusätzlich besaßen die Kronenbrotwerke eine Feigenkaffeefabrik und brachten die Marke *Sonnen-Feigenkaffee* in den Handel. Die Zustellung erfolgte täglich in ganz Wien und Umgebung durch ein eigenes Auto- und Pferdefuhrwerk. Mitte der 1920er Jahre beschäftigte das Werk mehrere Hundert Arbeiter und Beamte.

Hammerbrotwerke

1908 belebte eine weitere Brotfabrik den Handel, gegen die sich die Christlich-Sozialen allerdings vehement wehrten. Für die *kapitalistischen Brotspekulanten* war diese *soziale* Fabrik ein Dorn im Auge. Die Fabrik der Hammerbrotwerke wurde eine Anlage der Superlative, modern, hygienisch und menschenfreundlich. In der siebzig Meter lan-

Hammerbrot-Werbung

gen Ofenhalle wurden in drei achtstündigen Schichten 50 000 Laibe Brot erzeugt. Die Arbeiterfrauen wurden aufgerufen, *klassenbewusst* einzukaufen.

»Es ist nicht wahr, dass Brot Brot ist. Kapitalisten backen Brot, um sich zu bereichern. In der sozialdemokratischen Brotfabrik wird Brot erzeugt, um der Arbeiterschaft ein neues wirksames Kampfmittel zu geben«, heißt es in einem Flugblatt von 1914. Hammerbrot kaufte 1937 die Konkurrenzfabrik Kronenbrot auf.

Imperial-Feigenkaffeefabrik

1908, Alxingergasse 64

Die Imperial-Feigenkaffeefabrik gehörte ursprünglich dem Unternehmer *Adolf Tschepper*, der für seine enorme Ausbeutung der Belegschaft bekannt war. 1904 wurde die sozialistische Agitatorin *Adelheid Popp* zu einer Versammlung geholt, um die Arbeiterinnen dieser Feigenkaffeefabrik Tschepper zu beraten und sie für einen Streik vorzubereiten.

1913 übernahm *Karl Kuhlemann* die Fabrik. Aber auch von diesem Fabrikherrn kann ich nichts Gutes berichten. Die Plakate und Bilder auf den Verpackungen sahen zwar verlockend aus, aber in der Fabrik, an den Arbeitsplätzen gab es nichts Verlockendes. Meine verwitwete Großmutter arbeitete dort als Hilfsarbeiterin. Den ganzen Tag musste sie auf einer Holzkiste sitzen und die in Säcken angelieferten Klumpen getrockneter Feigen auseinanderzupfen. Den süßlichen Feigengeruch brachte sie mit in ihre Wohnung, wo der Gestank nie verschwand. Als *miese Ausbeuter* empfanden die Frauen den Fabrikbesitzer Kuhlemann und seinen Schwiegersohn, *Baron von Trauteneck*, denn die hielten sich weder an Lohnvereinbarungen noch an Überstundenregelungen. Stattdessen waren empfindliche Strafen an der Tagesordnung.

Arbeiterbildungsvereine und Gewerkschaften

Victor Adler und Karl Kořinek hatten mit ihrem Engagement die Ziegelarbeiter dazu gebracht, sich zu organisieren und gemeinsam für ihre Rechte zu kämpfen. Allmählich organisierten sich auch die Fabrikarbeiter in eigenen Arbeiterbildungsvereinen. Einerseits, um die fehlende Schulbildung nachzuholen, andererseits auch, um in Kultur- und Sportkursen die Geselligkeit zu fördern. Das Ziel war, die Arbeiter politisch zu schulen und sie über ihre Lage aufzuklären. Manchmal gelang es – durch gemeinsames Singen oder über Gedichte berühmter Literaten, zum Beispiel Heinrich Heine:

Ein kleines Harfenmädchen sang.
Sie sang mit wahrem Gefühle
Und falscher Stimme, doch ward ich sehr
Gerühret von ihrem Spiele.

Sie sang vom irdischen Jammertal,
Von Freuden, die bald zerronnen,
Vom Jenseits, wo die Seele schwelgt,
Verklärt in ew'gen Wonnen.

Sie sang das alte Entsagungslied.
Das Eiapopeia vom Himmel,
Womit man einlullt, wenn es greint,
Das Volk, den großen Lümmel.

Ich kenne die Weise, ich kenne den Text.
Ich kenn auch die Herren Verfasser;
Ich weiß, sie tranken heimlich Wein
Und predigten öffentlich Wasser.

Ein neues Lied, ein besseres Lied,
O Freunde, will ich euch dichten!

Wir wollen hier auf Erden schon
Das Himmelreich errichten.

Wir wollen auf Erden glücklich sein.
Und wollen nicht mehr darben;
Verschlemmen soll nicht der faule Bauch,
Was fleißige Hände erwarben.

Die bürgerliche und adelige Bürokratie setzte alles daran, die Bestrebungen der Arbeiter nach politischer und gewerkschaftlicher Organisation zu verhindern. Da das Versammlungsrecht von 1867 keine *politischen* Vereine erlaubte, mussten sie als *Kultur-, Schach- und Raucherklubs* getarnt werden. Trotzdem standen polizeiliche Hausdurchsuchungen auf der Tagesordnung. Die Behörden zensurierten dabei Zeitungen und beschlagnahmten Bücher und Broschüren. Wenn die Tarnung aufflog, wurde der Verein verboten und geschlossen.

Die Obrigkeit bekam aber mit der Zeit Angst vor einer Revolutionierung der Arbeiterschaft. Deshalb bekamen die Arbeiter am 7. April 1870 das *Koalitionsrecht* zugesprochen, also die Möglichkeit, Gewerkschaften zu gründen. Wegen ihrer sozialdemokratischen Grundhaltung wurden ihre Funktionäre aber weiterhin verfolgt.

1890 wurde in den *Rosensälen* in der Himbergerstraße (der heutigen Favoritenstraße) der Arbeiterbildungsverein *Bildungsquelle* gegründet. Als der junge *Karl Renner* seine Tätigkeit als Bildungsreferent in Favoriten begann, war der Verein bereits in ein Kellerlokal in der Alxingergasse 18 übersiedelt. Seine Erinnerung an diese Zeit:

»Als ich mit meiner Frau in den Arbeiterverein ›Bildungsquelle‹ in der Alxingergasse kam, fand ich ein Souterrainlokal, das aus einem Vorraum und zwei größeren Sälen bestand. Zu meinem Entsetzen sah ich, daß in dem ersten der beiden Säle Tanzstunden abgehalten wurden und das elende Klavier in den zweiten Saal hinüberklang. Trotzdem begann ich mit etwa fünfzig Hörern, durchaus Arbeiter aus nahen Fabriken und der Südbahnwerkstätte, Männer und Frauen und ganz wenige Jugendliche. (…) Von Abend zu Abend wuchs die Zahl meiner Hörer, junge Leute übersiedelten aus dem Tanz- in den Hörsaal, meine Schüler wurden auch Genosse Pölzer und die Genossin Baron, seine spätere Frau Amalie, die beiden vorbildlichen Vertrauensleute Favoritens. (…)«

In dem Kellerlokal besuchte der damals vierzigjährige Wiener Schmied *Johann Pejo* den Kurs *Lesen und Schreiben*. Man erzählt von ihm, dass er mit Tränen in den Augen die Flugblätter und Broschüren buchstabierte. Bei schlechter Beleuchtung las er über den Achtstundentag, den es zu erkämpfen galt. Nicht einmal die spöttischen Zurufe der Buben hinter den eingeschlagenen Kellerfenstern konnten den Ernst und die Begeisterung des lernenden Arbeiters schmälern.

Nach und nach entstanden aus der Keimzelle *Bildungsquelle* im Bezirk verschiedene Fachorganisationen. Unter den Gewerkschaftsgründern waren auch *Jakob Reumann*, der für seine Drechsler eine Fachgruppe gründete, und mein *Urgroßvater Jakob Sokopp*, der die Gewerkschaft für Metalldrucker aufbaute. Trotz aller Gefahren trafen sich die Gewerkschafter der Sattler regelmäßig in der Keplergasse 2, die Gewerkschafter der Eisen- und Metallarbeiter in *Färbers Gasthaus* in der Humboldtgasse 28 und die Union der Wiener Metallarbeiter im Gasthaus *Zur Zentralbahn* in der Landgutgasse. (Darunter war auch mein Urgroßvater Jakob Sokopp.)

Das Metallarbeiterlied kannten und sangen damals wahrscheinlich alle von ihnen:

Tief in der Erde heißem Schoß, von ewiger Nacht umdunkelt,
Wir brechen vom Gesteine los, was dort an Erzen funkelt.
Für was zum Leben wir so sehr des Nötigsten bedürfen,
Wir schaffen lang, wir schaffen schwer, Gefahr und Tod dräun
um uns her,
Wir schürfen!

Doch schürfen auch mit Eifer wir in unsrer Brüder Herzen,
um dort die alte Knechtsmanier vom Grunde auszumerzen.

So Gold wie Eisen, Stahl und Blei, die sprödesten Metalle,
wie hart und grob ihr Kern auch sei, wir zwingen sie doch alle.
Mit Feuers wohlgezähmter Kraft, wir machen sie zerfließen.
Und leiten so zur Formenhaft der Erze mächt'ge Eigenschaft:
Wir gießen!

Bald gießen wir die Glocken schon dem Arbeitsvolk der Erden,
die es im Auferstehungston zur Freiheit rufen werden.

In einem großen Aufmarsch am 1. Mai 1890 demonstrierten die Arbeiter von Favoriten für die Einführung des Achtstundentags. Dieser Tag bewies, dass die Gewerkschaftsorganisationen bereits imstande waren, die Massen anzusprechen.

1894 wurde im *Gasthaus Menzel* in der Götzgasse 6 die erste *sozialdemokratische Bezirksorganisation* Favoritens gegründet. Danach suchte die Partei nach geeigneteren Räumlichkeiten für ihre Aktivitäten. Sie gründeten den Verein *Arbeiterheim Favoriten*, um für ein eigenes Parteihaus zu sammeln. Denn im Jahr 1897 zählte die Bezirkspartei bereits 383 Mitglieder, und *Johann Pölzer* wurde zu ihrem Obmann gewählt.

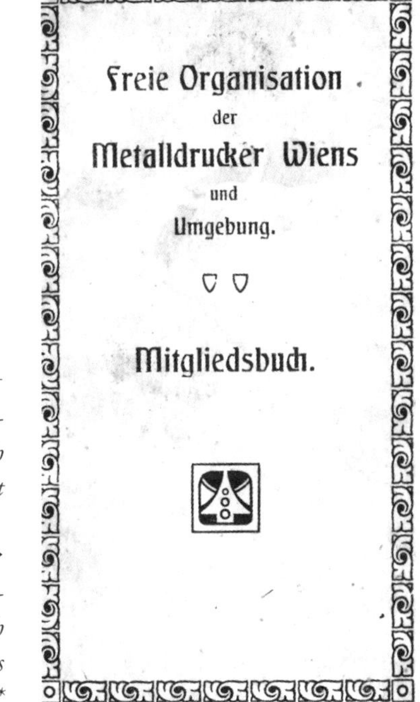

Freie Organisation
der
Metalldrucker Wiens
und
Umgebung.

Mitgliedsbuch.

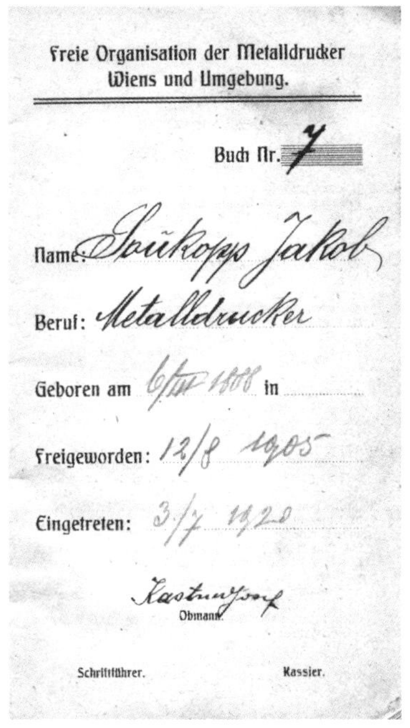

Freie Organisation der Metalldrucker
Wiens und Umgebung.

Buch Nr. 7

Name: Soukopp Jakob

Beruf: Metalldrucker

Geboren am .... in ....

Freigeworden: 12/8 1905

Eingetreten: 3/7 1920

Obmann.

Schriftführer. Kassier.

← *Gewerkschaftsbuch Deckblatt*

→ *Gewerkschaftsbuch meines Großvaters**

* Die Schreibweise war früher oft ungenau.

Favoritner Arbeiterheim

Als Victor Adler 1901 als Vertreter Favoritens in den Landtag gewählt wurde, konnte er sich auch politisch für die Errichtung eines Arbeiterheimes einsetzen. Der Architekt *Hubert Gessner* (1871–1943), ein Schüler Otto Wagners, bekam den Auftrag zum Bau des Hauses in der Laxenburger Straße 8–10, das modern, praktisch und doch schön wurde. Dieses Bauwerk machte ihn zum *Architekten der proletarischen Gründerzeit.* Danach errichtete er noch viele Wohnhäuser und Fabrikanlagen. In seiner Eröffnungsrede am 8. September 1902 gedachte Victor Adler des steinigen Weges der jungen Sozialdemokratie:

»So mancher, der in diesem Saale ist, wird sich noch erinnern, wie wir begonnen haben, wird sich der langen Nächte erinnern, wie wir in elendsten Schlupfwinkeln gehaust haben, wie wir verfolgt, gehetzt, verachtet, verhöhnt waren in diesem Österreich, in diesem Wien; und er wird daran denken, welcher Arbeit von Zehntausenden es bedurft hat, um dem Arbeiter in diesem Reiche und in dieser Stadt Respekt zu schaffen. Nun sind wir ein Stück weiter: Hier sind wir zu Hause. Wir haben ein Heim!«

Dieses erste Arbeiterheim Wiens mit seinem großen Saal diente danach den gesellschaftlichen und politischen Zusammenkünften der sozialdemokratischen Arbeiterpartei. Ab 1903 wurden hier Parteitage abgehalten, von hier aus wurden Streiks organisiert und es wurde für das Wahlrecht gekämpft.

Arbeiterheim um 1910

Dienstmädchen, die Haussklavinnen der Fabrikbesitzer

Acht Stunden Arbeit – acht Stunden Schlaf – acht Stunden Freizeit, das blieb ein wichtiges Ziel der Gewerkschaften. Aber die Frauen in den Dienstleistungsberufen waren von diesem Ziele weit entfernt. Aus allen Teilen der Monarchie strömten junge Mädchen, meist ohne Schulbildung, nach Wien, um hier als Dienstmädchen zu arbeiten. Die Eltern, meist Taglöhner oder Kleinbauern, waren froh, daheim einen Esser weniger zu haben.

In den großen Wohnungen der Favoritner Fabrikbesitzer, die durch Ausbeutung ihrer Arbeiter zu Reichtum gekommen waren, fanden die Frauen Arbeit. Ein Dienstmädchen aufzunehmen, gehörte zum Prestige der Wohlhabenden, und außer einer zahnlosen Dienstbotenordnung gab es keine weiteren Regeln für dieses Dienstverhältnis.

Auch meine Urgroßmutter *Marianne Sokopp* (geborene Dollinger), die aus einer kinderreichen, ländlichen Familie in Mähren stammte, kam 1876 nach Wien, um sich als Dienstmädchen ihren Lebensunterhalt zu verdienen. Sie erzählte später ihren eigenen Kindern von den unwürdigen Lebens- und Arbeitsbedingungen in den *Herrschaftshäusern*. Dort mussten Dienstmädchen täglich 24 Stunden zur Verfügung stehen und wurden wie alle anderen Dienstboten im Haus wie Sklaven behandelt. Da es keine gesetzlichen Regelungen gab, konnte die Hausherrin von den Mädchen alle Arbeiten im Haushalt verlangen, vom Waschen, Putzen, Küchendienst über Servieren bis zur Betreuung der Herrschaftskinder. Von allen Hilfskräften im Haushalt bekam ein Dienstmädchen trotz schwerster Arbeit den geringsten Lohn, hatte aber kaum Freizeit und nur ganz selten Ausgang. Die Unterbringung der Dienstmädchen stand in krassem Gegensatz zu den großen, komfortablen Räumen der Herrschaft. Die Schlafstätten befanden sich entweder in ungeheizten kleinen Kammern unter dem Dach oder in einer Nische der Küche.

Meine Urgroßmutter wurde später eine resolute, kämpferische Frau, aber als junges Dienstmädchen konnte sie sich nicht gegen die

Gewalt und Willkür der Herrschaft auflehnen. Die Polizei war schnell geholt, um aufmüpfiges Personal auf die Straße zu setzen. Da auch im Krankheitsfall oder bei Schwangerschaft die Kündigung drohte, arbeiteten die Frauen bis zur Erschöpfung, um nicht im Versorgungshaus zu landen. Illegale Abtreibungen bei sogenannten *Engelmacherinnen* waren für sie oft die einzige, wenn auch lebensgefährliche, Möglichkeit, ihre Stellung zu behalten.

Erst als 1893 die ersten von sozialdemokratischen Frauenvereinen organisierten *Dienstmädchen-Versammlungen* stattfanden, konnten die Mädchen sich beraten und helfen lassen. Aber trotz der Versammlungen und des Versuchs einer Aufklärung der Dienstboten änderte sich vor dem Ersten Weltkrieg nicht viel für die *Haussklavinnen.* Da die Frauen in verschiedenen Haushalten lebten und kaum Freizeit hatten, war es sehr schwierig, sie zu organisieren. Außerdem war das Bürgertum absolut gegen eine Sozialgesetzgebung für ihre Dienstmädchen. Horrorgeschichten verbreiteten sich über die *faulen, ungebildeten, diebischen* Mädchen, mit denen sich die Hausherrinnen herumplagen müssten.

Adelheid Popp, die Pionierin der proletarischen Frauenbewegung, konnte aus eigener Erfahrung berichten und schrieb über diese Versammlungen in ihrem Werk *Erinnerungen. Aus meinen Kindheits- und Mädchenjahren*: »Wie die Arbeiter, mussten auch die Dienstmädchen lernen, dass der Weg zur Befreiung nicht so rasch zurückgelegt werden kann. Die Frucht muss erst reifen (...)«

Frauen gründeten 1898 sogar ein eigenes *Frauenreichskomitee*, sozusagen ein beratendes Organ für die Arbeiterinnen. Politisches Hauptanliegen aller Sozialdemokraten war damals die Erkämpfung des allgemeinen und gleichen Wahlrechtes für Männer und Frauen. Die Belgier hatten es bereits erkämpft. Das populäre Wahlrechtlied in Wien wurde nach der Melodie der französischen Marseillaise gesungen. Es begann so: »Man holte das Recht sich von der Straße, das hat uns Belgien gelehrt ...!«

Das Leben in den Favoritner »Zinskasernen«

Meine Großtanten Hilda und Wicki Sokopp lebten siebzig Jahre lang in einer der Favoritner Zinskasernen. Die kleine Wohnung im Erdgeschoß des Hauses Buchengasse 100 ist mir selbst noch gut in Erinnerung. Und auch an die vielen Geschichten aus der Kindheit meiner Großtanten erinnere ich mich gut. Wie fast alle Arbeiterkinder Favoritens lebten Hilda und Wicki zusammen mit Eltern und Geschwistern auf engstem Raum zusammengepfercht, immer in Angst vor dem Hausherren, der pünktlich den Zins erwartete, auch wenn das Haushaltsgeld kaum reichte, die Kinder satt zu bekommen. Aber so wie der Familie Sokopp erging es fast allen Arbeiterfamilien, die auf engstem Raum zusammenlebten.

Die Wohnungen in den Zinskasernen bestanden meist nur aus Zimmer und Küche, manchmal war ein winziges Kabinett dabei. Die Eingangstür, die im oberen Teil vergitterte Fenster hatte, führte direkt in die Küche, die man daher *Gangküche* nannte. Nur durch diese Türfenster konnte man beim Kochen lüften. Da das aber alle anderen Hausparteien auch machten, zog statt Frischluft nur ein Gemisch aus Kochdüften vom Gang in die Küche. Das Gangklosett mussten sich mehrere Parteien teilen, ebenso die einzige Wasserstelle, die *Bassena*. Von dort musste man auch das Wasser holen, das man zum Klospülen brauchte. Die meisten Kinder durften allerdings in der Küche *auf den Kübel gehen*. Nur danach hieß es: Hände waschen im *Lavoir*, das auf der Kohlenkiste stand. Die Kohle brauchte man für den Sparherd und den kleinen Kanonenofen im Zimmer. Wenn die Kohlenkiste leer war, musste Nachschub aus dem Keller geholt werden. Obwohl das Wasser im Lavoir mehrmals genutzt werden durfte, nach dem Kohlentransport und dem Händewaschen war es rabenschwarz und musste ins Klo geschüttet werden.

Die Kredenz war das wichtigste Möbelstück in der winzigen Küche. Der obere Teil war gefüllt mit Lebensmitteln und Essgeschirr, unten stapelten sich die Töpfe und Pfannen. Das Besteck, auch *Esszeug* genannt, lag in den zwei großen Laden. Die runde Brotdose, wichtig für den schnellen Hunger, stand gut sichtbar auf der Abstell-

Buchengasse 100

Stiegenhaus mit Bassena

fläche, das teure Schmalz allerdings war schwerer erreichbar, denn der Schmelztiegel stand ganz oben, wo auch die Gläser mit den selbstgemachten Kompotten und Marmeladen aufbewahrt wurden.

In dem zirka zwanzig Quadratmeter großen Zimmer standen Ehebetten mit darunterliegenden Strohsäcken für die Kinder, manchmal gab es eine alte gepolsterte Sitzbank, genannt *Ottoman*, einen Tisch mit Sesseln und ein oder zwei Kästen. Darin befanden sich alle Habseligkeiten der Familie, und was nicht hineinpasste, stapelte man oben drauf in Kisten und Schachteln. Von den zwei gassenseitigen Fenstern hatte oft eines ein breiteres Fensterbrett, das zum längeren Verweilen einlud. Von einer schönen Aussicht konnte allerdings nicht die Rede sein, man blickte nur in die Fenster des gegenüberliegenden Zinshauses.

Nachts, wenn alle daheim waren, wurde es besonders eng, kalt und unhygienisch. Zwei bis drei Kinder mussten sich das Nachtlager und eine Decke teilen, und durch die körperliche Nähe steckten sie einander ständig mit allen Krankheiten an. Dazu kam die Wanzenplage. Weder Putzen half noch *Ausgasen*, selbst die mit Kupfervitriol und Petroleum gefüllten *Flitspritzen* verfehlten ihre Wirkung. Diese stinkenden Blutsauger hatten überall ihre Nester, vor allem in den Strohsäcken und zwischen den Holzbrettern im Fußboden.

Die Menschen waren dennoch froh, ein Dach über dem Kopf zu haben, denn es gab keinen Mieterschutz. Manche Hausherren setzten ihren Zins willkürlich fest und kündigten Familien, wenn andere Mieter mehr zu zahlen versprachen.

Meine Urgroßmutter Marianne Sokopp gab nach ihrer Heirat die Arbeit als Dienstmädchen auf und nahm dafür den Posten als Hausbesorgerin an. Diese Arbeit war aber auch nicht leicht. Der Hausherr, der im Nebenhaus wohnte, kam täglich zur Inspektion. Als Hausbesorgerin hatte sie den Eingangsbereich und das ganze Stiegenhaus zu waschen, die Gangfenster zu putzen, den Lichthof und den Gehsteig vor dem Haus zu kehren und im Keller Rattengift zu streuen. Im Winter musste sie Schnee schaufeln und die Armaturen der Wasserleitungen mit Fetzen umwickeln, damit das Wasser nicht fror. Auch die primitiven Klosettanlagen auf dem Gang, die noch keine Wasserspülung besaßen, hatte sie zu reinigen und im Winter dafür zu sorgen, dass die Abflussrohre nicht vereisten. Zu diesem Zweck hatte sie den ganzen Tag über einen großen Topf mit heißem Wasser auf dem Herd stehen, das sie mehrmals am Tag in alle Klosettanlagen goss. Nach so einem langen Arbeitstag war es zwar nicht angenehm, nachts aus dem Bett geläutet zu werden, um einem späten Heimkehrer das Haustor aufzuschließen. Aber das *Sperrsechserl* war eine willkommene Nebeneinnahme für die immer größer werdende Familie.

Ich habe mir einige Punkte der uralten Hausordnung notiert, die vergilbt und kaum lesbar immer noch in der Buchengasse hängt:

— Das Verkleinern des Holzes und der Kohlen darf nur im Keller oder in den Höfen auf den vorhandenen Hackstöcken stattfinden und ist niemals im Inneren der Wohnung gestattet.
— Das Klopfen und Putzen von Möbeln, Matratzen, Teppichen ist in den Gängen nicht gestattet.
— Erlaubt nur im Hofe oder auf dem Klopfbalkon.
— Die Wasserleitungsmuschel und Aborte müssen reingehalten und dürfen in dieselben keine Fetzen, Knochen, Asche und dergleichen geworfen werden. Das Einschlagen von Haken oder Nägeln in den Aborten ist den Parteien nicht gestattet.

— Auf dem Dachboden dürfen keine feuergefährlichen Gegenstände, keine Asche, keine Knochen oder sonstige Abfälle aufbewahrt werden.
— Für das Anbringen von Kleiderrechen, Gucklöchern und Briefkästen außerhalb der Wohnung muss bei der Hausverwaltung um eine Genehmigung angesucht werden.
— Nur mit Genehmigung der Hausverwaltung dürfen Haustiere gehalten werden. Hunde sind vor der Wohnung bis zum Haustor oder umgekehrt getragen oder an der Leine zu führen.
— Auf den Gängen und Stiegen darf keine Unruhe herrschen, und werden die Parteien ersucht, Kinder daselbst nicht ohne Aufsicht zu lassen.

Die Straße – der Spielplatz der Kinder

Da die Wohnungen in den Zinskasernen klein und finster waren, mussten die Kinder im Hof spielen, im *Beserlpark* oder *auf der Gassen.* Meistens waren die Kinder bloßfüßig unterwegs, denn die Schuhe mussten für die Schule geschont werden. Daher verletzten sie sich immer wieder an den Scherben, Nägeln und Splittern, die auf der Straße herumlagen. Die Eltern waren den Anblick von abgeschürften Knien und blutigen Zehen gewohnt, sie reagierten höchstens mit: »Bist heiratst, is' wieder guat«.

Die Gassen und Straßen bestanden lange Zeit nur aus gewalztem Erdmaterial, das zwar staubte, aber sonst ungefährlich war. Wenn aber eine Straße geölt wurde, tappten die Kleinen beim Spielen in der zähen Masse herum und kamen abends mit ölverschmierten, schwarzen Füßen heim. Da half keine Schmierseife, da wurden die Füße mit Petroleum abgerieben. Und wer bei der groben Waschung weinte, bekam oft ein paar Watschen dazu, »damit du waast, warum's d' heulst«.

Die Quellenstraße mit ihrer Kastanienallee und die Pernerstorfergasse waren die Favoritner Herzeigestraßen, denn sie wurden früh gepflastert. Ein Paradies für die Kinder, die dort mit ihrem Fetzenlaberln spielten oder ihre Holzreifen um die Wette trieben. *Gassenbuam* nannten die *besseren Leute* dort die Buben, wenn sie laut auf der Gasse Fangen oder Räuber und Gendarm spielten. Beim Drittabschlagen, bei *Vater, Vater, leich ma d'Scher*, oder beim Verstecken ließen die Buben oft auch Mädchen mitspielen. Die Mädchen mit ihren zwei-glatt-zwei-verkehrt gestrickten Strümpfen und der Schürze über dem Kleid bevorzugten eher Diabolo, Schnurspringen oder Tempelhüpfen. Gern spielten sie auch Kreisspiele, obwohl sie wegen der Auszählreime von den Buben ausgelacht wurden:

»Kaiser, König, Edelmann, Bürger, Bauer, Bettelmann«

»Ene, bene, Tintenfass, geh in d'Schul und lerne was.
Wenn du was gelernet hast, komm nach Haus und sag mir was.«

Aber wenn der Spritzwagen der Gemeinde durch die Straßen fuhr, liefen Buben und Mädchen gemeinsam hinterher und ließen sich die bloßen Füße bespritzen. Wenn es sehr heiß war, brachte der Eiswagen Eisblöcke für die Eiskästen in der Küche. Der Fahrer fuhr laut rufend durch die Straßen: »Der Eismann is da!«, und die Leute kamen herunter. Das Eis kauften sie in Blöcken direkt beim Lieferwagen. Dabei fielen immer wieder kleine Eisstücke herunter, um die sich die Kinder dann rauften. Wenn es regnete, dachte niemand ans Heimgehen, die Kinder spielten dann halt auf der Kellerstiege. Oder sie liefen barfuß durch die Kastanienallee in der Laxenburger Straße, hüpften von einer Lacke in die andere und bewunderten die nasse Natur und den Regenbogen.

Aber auch die nahen Wiesen und Felder waren für Favoritens Arbeiterkinder beliebte Spielplätze. Obwohl es eigentlich verboten war, liefen sie im Sommer barfuß durch die Stoppelfelder oder spielten Verstecken zwischen Kukuruzstauden. In den schneereichen Wintern veranstalteten sie auf den Wiesen Schneeballschlachten oder bauten Schneemänner. Wenn zum Zwecke eines Hausbaus eine tiefe Grube ausgehoben wurde, bildete der Aushub daneben eine Art Hügel, der zum Rodeln einlud. Sobald der erste Schnee fiel, holten die Kinder ihre klapprigen Schlitten aus dem Keller und riefen einander zu: »Kommts mit, wir fahrn zum ›Bergl‹«. Es war ein enormes Vergnügen, den steilen Abhang in die Grube hinabzurodeln. Man erreichte dabei einen solchen Schwung, dass man auf der anderen Seite noch ein Stück bergauf fuhr, eben aufs *Bergl*.

Das Heulen der Fabriksirenen kündigte die baldige Heimkehr des Vaters oder der Mutter an, die nach einem langen schweren Arbeitstag endlich nach Hause kamen. Da konnte man die Kinder rufen hören: »Es büht schon, hörst des Bühn? Mir miassn hamgeh, sonst schimpft da Vatta!«

Am Abend gingen dann gern die Erwachsenen *auf ein Plauscherl* vors Haus. Entweder stellte sich ein Nachbar dazu oder eine Hauspartei aus dem Nebenhaus. Die Kinder, die im Parterre wohnten, waren da im Vorteil, denn sie konnten vom Fensterbankerl aus die interessanten Neuigkeiten erfahren und am nächsten Tag den befreundeten Kindern brühwarm mitteilen. Wenn sie sich allerdings zu weit rausbeugten und gesehen wurden, hieß es: »Seids stüü, de Kinder passn auf wia de *Haftlmocher*.«

Um das Wichtigste aus der ganzen Welt zu erfahren, brauchte man allerdings eine Zeitung. Und die gönnten sich auch die ärmeren

Favoritner Familien. Denn man konnte hungern und frieren, aber so tief sinken wollte keiner, dass er sich nicht einmal mehr die Zeitung leisten konnte.

1923 gab Max Winter, quasi als Wahlkampfmittel, eine unabhängige Wochenzeitschrift für Frauen heraus. Sie hieß *Die Unzufriedene*, denn es ging »wider alles Unrecht, wider allen Unverstand, wider alle Rückständigkeit«. Die Zeitung wurde so erfolgreich (Auflage: 160 000 Exemplare), dass nach der Wahl an eine Einstellung nicht zu denken war. Im selben Verlag erschienen auch *Max Winters Wiener Groschenbüchel*, die den ärmeren Wienern den Zugang zu hochwertiger Literatur, etwa von Gottfried Keller, ermöglichten.

Der sozialkritische Journalist war der Ansicht: »Journalisten sollen auf der Straße, in den Fabriken und Werkstätten, in den Gaststätten, auf Spielplätzen, in den Gerichtssälen, in den Polizeistuben, auf den Rettungswachen, in den Spitälern, Waisen- und Armenhäusern, Tag und Nacht mitten im Strom dieses Lebens schwimmen.«

Viele Kinder kamen als Erste in den Genuss der Bilder und Geschichten, wenn sie das *Blattl für die Mutter* aus der Trafik holten. Denn so gern die Frauen die Zeitung lasen, als *Unzufriedene* wollten sie vor den Hausparteien doch nicht gerne dastehen.

Sonntag war oft Ausflugstag. Die ärmeren Favoritner Familien führte ihr Ausflug oft nur zum Zentralfriedhof. Sie gingen natürlich zu Fuß von Favoriten bis zu den Gräbern ihrer Verstorbenen. Der Weg führte damals noch über Wiesen und Felder. Man konnte dabei Kornblumen pflücken oder Rebhühner und Hasen beobachten. Während die Mütter das Grab ihrer Eltern und Großeltern schmückten, konnten die Kinder in der Wiese sitzen, ihre mitgebrachten Wurstbrote verzehren und den selbstgemachten Himbeersaft dazu trinken.

Die Kinder aus begüterten Familien erzählten in der Schule allerdings andere Sonntagsgeschichten. Sie berichteten von Museumsbesuchen, von den Parks in der Inneren Stadt oder von den Ringelspielfahrten im Prater. Nicht selten fühlten sich da ärmere Klassenkameradinnen benachteiligt. Sie konnten nur die Lieder der Straßensänger nachsingen, die vom Prater sangen:

Schön is so a Ringelspüh, des is a Hetz und kost net viel …
Damit auch der kleine Mann sich eine Freude leisten kann.
Eine Tour, eine Tour kostet zwanzig Groschen nur,
eine Reise mit viel Spaß, ohne Reisepass.

1901 schrieb Max Winter in seinem Buch *Rund um Favoriten*, wie wenig Grünraum es für die Kinder Favoritens gibt und wie wichtig aber die Bewegungsfreiheit für ihre Entwicklung wäre.

»... Tür an Tür die kleinen Wohnungen, die Kerker der Kinder, nirgends Hausgärten. Die Hausordnungen sind streng und untersagen den Kindern, denen die Bodenwucherer die Höfe genommen haben, die freie Bewegung auf den Gängen und Stiegen.«

Favoritens Parks hatten klingende Namen: *Laubepark*, *Paltrampark*. Heinrich Laube war Dichter und Burgtheaterdirektor, und die Paltrams stammten aus einer altwienerischen ritterlichen Familie. Aber die meisten Parks waren trotzdem nur kleine *Beserlparks* mit dünnen Eiben und ungepflegter Wiese ohne Bänke. Umgeben von Zinshäusern und stinkenden Fabriken war da nur sehr wenig freier Himmel für die Fabrikarbeiterkinder, die *Gassenkinder*.

Nach der Schule und am Wochenende gehörten die Parks trotzdem fast nur den Favoritner Arbeiterkindern, die einander gut kannten. Wenn sich Fremde hierher verirrten, wurden sie argwöhnisch beobachtet, vor allem Kinder aus bürgerlichem Haus. Diese Kinder von Fabrikbesitzern und reichen Geschäftsleuten verirrten sich nicht oft dorthin, und wenn, dann nur in Begleitung einer Aufsichtsperson.

Albert Fuchs (Jg. 1905), Sohn eines Universitätsprofessors, schildert seine Parkbesuche, die stellvertretend auch für Favoriten gelten.

»An den Nachmittagen befand ich mich in der Obhut des Fräuleins. Sie ging mit mir, wenn das Wetter es erlaubte, in den Park. Dort wichen wir dem Kinderspielplatz im Bogen aus, da waren zu viele Kinder, ich hätte Keuchhusten kriegen können. Das Fräulein ließ sich auf einer Bank nieder, mir war leidliche Freiheit gewährt, doch gab es eine Einschränkung: Ich sollte nicht mit *Gassenbuben* spielen. Denn die Klassenkämpfe, die aus gelegentlichen Konflikten resultierten, nahmen für uns Bürgerliche immer einen ungünstigen Verlauf. Die proletarischen Burschen waren ungleich stärker und angriffslustiger als wir *feinen* Kinder. Unsere Situation wurde dadurch erschwert, dass die Fräuleins, gemäß elterlicher Weisung, größere Gefechte nach Tunlichkeit verhindern mussten. Das wirkte lähmend auf die Moral. Kein Wunder, dass die *Gassenbuben* die Oberhand behielten.«

Von Straßenhändlern, Straßensängern und Mist-Stierlern

Die Straßen Favoritens waren aber nicht nur Spielplatz für die Kinder, hier wurde auch lautstark Handel betrieben. Straßenhändler aus allen Ländern der Monarchie boten in ihren Bauchläden allerlei Kleinkram an: Streichhölzer, Reißnägel, Schuhbänder, Knöpfe, Einziehgummi und dergleichen mehr. Das damalige Sprachengemisch hörte sich ungefähr so an: »Servas Czermak! Gehst einkaufovat?« – »Dostal, hob da gebn nailich dwazet Schilling, waast no?«

Bei den Straßensängern, auch Bettelmusikanten genannt, handelte es sich meist um Arbeitslose oder sogar Ausgesteuerte. Trotz ihres traurigen Schicksals sorgten sie für musikalische Unterhaltung auf der Straße, im Stiegenhaus oder auf den Gängen der Zinshäuser. Wenn der Waldhornbläser seine traurigen Lieder blies oder der Ziehharmonikaspieler mit schmelzender Stimme das Lied vom *Einsamen Sonntag* sang, liefen viele Hausbewohner in den Hof, um ihm aufmerksam zuzuhören.

Gestern, am Sonntag, da dacht ich, du kommst zu mir.
Sehnend hab ich dich erwartet vor meiner Tür.
Hielt in der Hand einen duftenden Rosenstrauß.
Erst als die Sterne verblichen, ging ich ins Haus.
Dort hab ich dann voller Schmerz gewacht.
Liebste, ach hast du denn gar nicht an mich gedacht,
in jener Sonntagsnacht?

In manchen Liedern wurde sogar das eigene Schicksal besungen:

Ich bin nur ein kleiner Straßensänger
und suche irgendwo ein bisschen Glück.
Die Straße, die ich zieh, wird immer länger,
doch in die Jugend führt sie nie zurück …
Dange sehr, dange bestens.

Die Lawendelweiber boten oft zweistimmig ihre duftenden Blüten an, wenn sie sangen: »An Lawendel hob i do … Drei Kreizer a Büscherl Lawendel. An Lawendel kaufts ma o …«

Der *Glockenmann* auf dem Mistwagen kündigte sich mit lautem Scheppern in jeder einzelnen Gasse an: »Der Mistbauer is do!« Die Hausparteien sausten dann mit ihrem Mistkisterl, in dem auch die Asche war, auf die Gasse hinaus. Jeder wollte der erste dort sein, um nicht allzu staubig zu werden. Aber viel Mist gab es früher nicht in den Haushalten. Die Zeitungen kamen in den Keller, die brauchte man im Winter fürs Einheizen. Fleischknochen und Stoffreste wurden gesammelt, bis man auf der Gasse hörte: »Der Baner- und Hadernmann is do!«

»Zwischn Simmering und Favoritn liegt a Gschdedn in da Mittn«, das sangen schon die Kinder. Die Favoritner *Gschdedn* war keine offizielle Müllhalde. Aber viele deponierten dort ihre Abfälle, zerbrochenes Geschirr, löchrige Pfannen und Töpfe, alte Kleidungsstücke und Asche. Die Arbeitslosen, die auf der *Gschdedn* nach brauchbaren Gegenständen suchten, nannte man *Miststiarla* und diejenigen, die in der Asche nach unverbrannten Koksresten suchten, waren die *Gogs-Schtiarla*. Manche von ihnen wohnten hier sogar in selbstgebauten Bretterhütten, um schnell an der frischen Ware zu sein. Um die letzte *Gschdedn*, also das eigene Grab, machten die Favoritner nicht viel Aufhebens:

Waun i amoj a Bankl reiss, de Bodschn schdreck und umeschdeh,
min Süwataxe zum Zentreu, in d' 7er-Reih, du kennst as eh,
De Bompfinewara grobn mi ei, des is so, oba i sogs glei:
I brauch kan Graunz, i brauch kan Pflaunz, i brauch ka scheene Leich.
kumm a ohne Graunz genauso guad ins Himmereich.

Greißler, Handwerker, Geschäfte, der Markt

Für die unmittelbare Nahversorgung der Favoritner sorgten die *Greißler*, die in kleinen Geschäften die wichtigsten Lebensmittel und *Gemischtwaren* anboten. Fast an jeder Straßenecke gab es einen Laden, der auf großen Schildern über und neben dem Eingang *Specerei und Consumwaren* anpries: Zucker, Kaffee, Feigenkaffee, Mehl, Reis, Hülsenfrüchte, Cacao, Gurken … Damals konnte man von vielen Lebensmitteln auch nur kleinste Mengen kaufen, alles wurde extra abgewogen. Verpackt in braune Packpapiersackerln oder Stanitzel. Greißler hatten auch den wichtigen Brennstoff Petroleum in ihrem Angebot. Lange Zeit erleuchteten Petroleumlampen die dunklen Zimmer der Zinshäuser.

Meine Großtanten erzählten mir von Herrn *Weinwurm*, dem Inhaber des Greißlergeschäftes in der Buchengasse gegenüber ihrem Wohnhaus. Sie waren treue Kunden dieses gütigen Geschäftsmannes und kauften auch das Petroleum bei ihm ein. Schon ihre Eltern Marianne und Jakob hatten zu seinen Stammkunden gezählt. Herr Weinwurm hatte fast für jeden seiner Kunden ein Schuldenbüchlein angelegt. *Anschreiben lassen* nannte man das, wenn man die bezogenen Waren erst in der folgenden Woche oder am Monatsersten bezahlen konnte. Er bedankte sich immer sehr höflich für die Abschlagzahlungen und übertrug den immer größer werdenden Rest geduldig auf die nächste Woche. Kopfrechnen mussten die Greißler früher sicher gut können, denn Hilfsmittel für Rechenschwache gab es nicht. Höchstens den Daumen beim Addieren, wenn es hieß: »7 und 8 ist 15, bleibt eins …«

In den *Delikatessengeschäften und Kolonialwarenhandlungen* kauften eher Besserverdienende ein. Auf den Plakaten neben den Auslagen stand dort in riesigen Buchstaben geschrieben: »Käse, Salami, Weine und Liköre, Chinesischer Thee, Rum aus Jamaica, Kognak, Marinierte Fische, Conserven«. Dafür war der Sauerkräutler auch für die Ärmsten erschwinglich. Sein Kraut und die Gurken musste er auch nicht groß anschreiben, der saure Geruch war Werbung genug.

Bei uns in Favoriten gab's zwar keinen vornehmen *Charcutier*, dafür aber Fleischhauereien, über deren vollen Auslagen »Rindfleisch, Kalbfleisch, Schöpsenfleisch bester Qualität« zu lesen war. Das Festessen für die ärmeren Familien kam aber meistens vom viel billigeren *Pepihacker*, wie man in Wien die Pferdefleischhauer nannte.

Die frische Milch holten die Hausfrauen täglich von der Milchfrau. Mit verschieden großen Schöpfern wurde die Milch entweder in mitgebrachte Milchkannen oder in Flaschen gefüllt. Ich erinnere mich noch an die immer gleiche Frage: »Flascherl hamma ghabt?«

Im Erdgeschoß der Pernerstorfergasse 54 war seinerzeit ein Eisenwarengeschäft untergebracht für *Haus- und Küchengeräte*. Auch wenn die Arbeiterfamilien mit ihrem Geschirr eher vorsichtig umgingen, ab und zu musste doch ein Häferl, ein Schöpflöffel oder ein Teller nachgekauft werden.

»Holz, Kohlen, Koks«, diese Worte konnte ich schon vor der Schule lesen, so oft ging ich an einer Kohlenhandlung vorbei. Meine Großtanten ließen sich die Kohle zwar mit dem Leiterwagerl liefern, aber die Säcke schleppten sie selber in den Keller, und das war sicher schwer genug.

In der Knöllgasse 45, neben dem Geburtshaus meines Vaters, war einst eine *Feinwaschanstalt der Wäscherei Habsburg* eingemietet. Ich begleitete meine Großtanten gerne, wenn sie ihre Bettwäsche in die Wäscherei brachten. Die großen Wäschemangeln bewunderte ich, weil sie aus der zerknitterten Wäsche faltenfreie Leintücher und Deckenüberzüge zaubern konnten. Außerdem genoss ich die feuchte Wärme, und es roch dort so frisch und sauber.

Trafiken waren schon von Weitem an ihren hervorstehenden Hauszeichen zu erkennen. Die meisten Kunden waren aber Stammkunden und fanden blind in *ihre* Trafik. Dort holten sie sich die tägliche Tageszeitung, die wöchentliche Illustrierte und die individuellen Rauchwaren. Zigarren und Zigaretten waren für ärmere Menschen oft das einzige Genussmittel. Man konnte sie auch stückweise bekommen, genauso wie Briefmarken und Ansichtskarten.

Die Weißnäherinnen arbeiteten in Schneidereien oder in Heimarbeit vorwiegend mit guter Baumwolle und Leinenstoffen. Sie halfen reicheren Frauen, die es sich leisten konnten, bei ihrer Aussteuer für die Ehe. Also beim Nähen von Bettwäsche, Handtüchern, Tischdecken, Taschentüchern und Nachthemden. Oft wurden sogar Monogramme eingestickt. Die Weißnäherinnen in Favoriten hatten aber weniger Großaufträge als ihre Kolleginnen in den Innenbezirken. Sie verdienten sich ihr Geld vorwiegend beim Ausbessern alter Wäschestücke, die geflickt oder umgeändert werden mussten.

Hutmacher/Hutstaffierer: Wer den Handwerksberuf Hutmacher lernte, konnte sich später auch als *Modist* bezeichnen. Diese Berufssparte hatte früher einen großen Stellenwert, denn sowohl für Männer als auch für Frauen war der Hut ein Statussymbol. Wer etwas auf sich hielt, ging nie ohne Kopfbedeckung aus dem Haus, und wenn es nur eine armselige Schiebermütze war. Für den Handwerksberuf *Hutstaffierer* dauerte die Lehre nur ein Jahr, daher lernten vorwiegend Mädchen nach der Schule dieses Handwerk. Einen Hut staffieren hieß, ihn dekorieren, also Futter einsetzen, Bänder einnähen und Mascherln befestigen. Bei Frauenhüten wurde noch allerlei Zierrat angenäht.

Schusterwerkstätten gab es viele in Favoriten. Neue Schuhe konnten sich die Einwohner Favoritens kaum leisten, daher mussten die Schuster vorwiegend alte Schuhe reparieren, also flicken, neu doppeln, Einlagen erneuern, solange, bis auch des Meisters Kunst zu Ende war. Die Kinder trugen fast nur hohe, geschnürte Schuhe. Damit sie länger hielten, beschlug der Schuster die Sohle mit Nägeln und brachte am Absatz ein Hufeisen an. Die ärmeren Leute gingen allerdings den ganzen Tag fast nur mit Holzschuhen. Die *guten* Schuhe wurden für besondere Anlässe geschont.

Auch *Tischler*, *Drechsler*, *Schlosser*, *Schmiede*, *Spengler*, *Metalldrucker* und andere Handwerker richteten ihre Werkstätten im Souterrain oder im Kellergeschoß ein. Die Geschäfte hatten Tageslichtfenster und den Eingang zur Straßenseite. Abends wurden Eisenrollläden heruntergezogen und versperrt. Eine der vielen Werkstätten gehörte meinem Urgroßvater.

Metalldruckerei Jakob Sokopp, Buchengasse 100, Souterrain: Urgroßvaters Werkstatt lag unter seiner Wohnung. Seine vier Söhne konnte er zu Metalldruckern ausbilden, aber als Gesellen konnte er ihnen keinen Lohn zahlen, weil er als Selbstständiger vom Staat keinerlei Unterstützung bekam. Die Söhne mussten, wie die meisten Handwerker, *auf die Walz* gehen, um irgendwo in der Monarchie einen Arbeitsplatz zu suchen. Bis 1919 übte mein Urgroßvater sein Gewerbe in der Werkstatt aus. Aber durch den Kohlenmangel nach dem Ersten Weltkrieg konnte er seine Aufträge kaum ausführen, weil das Rohmaterial nicht zu beschaffen war. So musste er schließlich 1919 die Werkstatt verkaufen. Für die Altersversorgung reichte der Erlös der Werkstatt aber keineswegs.

Mein Großvater Jakob Sokopp in der Werkstatt unter der Wohnung in der Buchengasse

Der Viktor-Adler-Markt

Vor der Bezirksgründung gab es auf dem Gebiet des heutigen Favoriten mehrere Marktplätze. Erst als Favoriten eingemeindet war, wurde auf dem *Eugenplatz*, dem heutigen *Viktor-Adler-Platz*, ein großer Lebensmittelmarkt aufgebaut. Dieser *Eugenmarkt* mit seinen gut besuchten Marktständen erfreute sich bald größerer Beliebtheit als die kleinen Märkte am Wieland- oder am Columbusplatz. Man konnte zwischen mehreren Obsthändlern wählen, da war der Salat frischer, dort waren die Äpfel größer, und irgendwo rief vielleicht eine Marktfrau: »Ab jetzt drei Bund Petersilie zum Preis von einem!« Tagsüber kauften die Hausfrauen und das Hauspersonal ein, Fleisch, Gemüse, Obst oder Blumen. Abends machte die arbeitende Bevölkerung noch schnell ihre Besorgungen. Die Favoritner Märkte durften nämlich bis zum Eintritt der Abenddämmerung offen bleiben. Bevor die Sonne unterging, war daher sicher noch viel los am *Platzl*. Männer und Frauen, viele noch im Arbeitsgewand, trafen sich bei den Standeln, kauften ein, manche blieben auch länger dort, um mit Kollegen oder Freunden in angenehmer Atmosphäre zu plaudern. Und da an Sonn- und Feiertagen die Fleischstände offen haben durften, war auch am Wochenende viel los, das machte den Markt zum beliebten Treffpunkt.

Auf diesem Markt, der seit 1919 *Viktor-Adler-Markt* heißt, hatte auch meine Großtante Rosa jahrelang einen eigenen Stand, auf dem sie Wurst und Fleisch verkaufte. Gemeinsam mit ihrem Mann, einem Fleischhauer, stand sie von früh bis spät und sonntags bis Mittag auf den Beinen, um so viel wie möglich zu verdienen. Tante Rosa war die Einzige der großen Sokopp-Familie, die zu viel Geld kam und sich sogar eine Bedienerin leisten konnte. Auch wenn ihre Fleisch- und Wurstwaren sehr beliebt waren, sie selbst war es nicht. »Geld verdirbt den Charakter«, davon waren ihre Schwestern Hilda und Wicki überzeugt.

Um sich den Einkauf beim Greißler oder beim Marktstandl überhaupt leisten zu können, führte der Weg meiner Großtanten vorher oft zum *Pfandleiher*. Dort im *Pfandl* standen sie mit vielen Nachbarn und Bekannten in langen Schlangen vor den Schaltern, um ihre privaten Dinge gegen etwas Geld zu versetzen. Oft konnten sie ihre

Eugenplatzl (späterer Viktor-Adler-Markt)

Bettwäsche, das Geschirr oder die Möbel wieder zurückkaufen, aber manchmal war es für immer verloren. Das rote Gebäude des Dorotheums steht erst seit 1928 in der Wielandgasse. Wo sie vorher ihre armseliges Bettzeug, ihr Tischtuch oder die guten Schuhe versetzt haben, weiß ich leider nicht. Aber ich weiß, dass die Tanten im Krieg fast ihre gesamte Habe versetzt haben, um ihre Familie vor dem Verhungern zu bewahren.

Soziale Einrichtungen in Favoriten

Die Armut der Favoritner Bevölkerung war nicht nur am abgetragenen, buchstäblich *fadenscheinigen* Gewand erkennbar und zeigte sich nicht nur beim billigen Einkaufen und beim Versetzen der letzten Habe. Sie begann schon bei der Geburt eines Kindes. Viele Frauen mussten bei der Entbindung auf ein sauberes Krankenhausbett und auf ärztliche Betreuung verzichten. Dafür reichte der Lohn der Arbeiterfamilien nicht. Hilfe und Unterstützung gab es nur von kirchlichen und privaten karitativen Institutionen. Von staatlicher Seite war keine Hilfe zu erwarten.

Max Winter versuchte immer wieder mit seinen Reportagen in der *Arbeiter-Zeitung*, das öffentliche Gewissen aufzurütteln, und die Verantwortlichen zum Handeln zu drängen.

Das Lucina-Wöchnerinnenheim

Aus Max Winters *Sozialreportage* von 1901:

»In der Knöllgasse in Favoriten, abseits von der Triester Reichsstraße, befindet sich das Wöchnerinnenheim des Vereines *Lucina*, das bedürftigen Ehefrauen zur Zeit der Niederkunft und des Wochenbettes Aufnahme und Verpflegung gewährt und gleichzeitig Frauen und Mädchen zu geübten Pflegerinnen heranbildet. Es ist wirklich eine Musteranstalt im kleinen. Alles entspricht den Anforderungen moderner Hygiene. Mit seinen zwanzig Betten kann es nicht dem Massenansturm genügen. Es ist nur ein bescheidener Anfang, eine Illustration etwa, wie es in einer vernünftigen Gesellschaft wäre, in der man es nicht der Privatwohltätigkeit überlässt, jene Wohlfahrtseinrichtungen zu schaffen, die zu errichten die Pflicht der öffentlichen Verwaltung der Millionenstadt wäre.

Aber so wenig die Kommune Wien für die Rettung Verunglückter vorsorgt, so wenig sie einen Groschen übrig hat für hungernde Schulkinder, so wenig sie Obdachlosen ein Bett und Kranken Pflege bietet,

Lucina-Wöchnerinnenheim um 1910, Knöllgasse 22–24

so wenig sie Volksbüchereien errichtet oder Badeanstalten, Kinderspiel- und Eislaufplätze, ebenso wenig hat sie für die Wöchnerinnen übrig, die in einem dumpfen, feuchten Loch, bar jeder Pflege der schweren Stunde entgegensehen.

Die Wöchnerinnen, die hier Platz finden, können sich glücklich schätzen. Die reichen Frauen, die diese Wohlfahrtseinrichtung unterstützen, erheben die Lebensschicksale der Bewerberinnen. Was sie da in den Fragebogen niedergelegt haben, gibt tiefen Einblick in das soziale Elend dieser Familien.

Da sucht die Frau eines Hilfsarbeiters Hilfe. Der Mann verdient zwei Kronen täglich, nur bei Schönwetter. Regnet es, so können seine Frau und sein dreieinhalbjähriges Kind hungern. Alle drei schlafen in dem einzigen Bett, das die Familie besitzt. In diesem müsste die Frau auch niederkommen. Sie ist überglücklich, in dem Heim ein reines Bett zu finden, ärztliche Hilfe, Bäder, entsprechende Kost, Ruhe, genügend Luft und die nötige Pflege. All dies hätte sie daheim entbehren müssen. Ein Bett nur haben der Schwerkutscher, seine Frau und sein dreijähriges Kind. Von 5 Uhr früh bis 10 Uhr nachts ist er auf der Gasse. Seiner Frau kann er kaum einige Sechserln täglich geben, und pflegen kann sich der hundsmüde Mann, der 16 bis 17 Stunden täglich arbeitet, nicht einmal bei Nacht.

Wie kann ein Transportwagenkutscher seine Frau und seine fünf Kinder ernähren und die Entbindungskosten für das sechste Kind bestreiten? Gar nicht. Er ist auf die öffentliche Hilfe angewiesen.

Der Anstaltsleiter führt mich in die Wochenräume. Da liegen sie, die blassen Frauen mit den gelblichen Gesichtern, regungslos in ihren sauberen Betten, und zu ihren Füßen liegen in blau ausgeschlagenen Netzkörben die künftigen Mehrer des Elends – die Neugeborenen, sorgfältig beobachtet und behütet von den Pflegerinnen, die lautlos ihres Amtes walten. Ein Schimmer von Glück leuchtet aus den Augen der Proletarierfrauen, da der Arzt zum Bett tritt und die Wünsche jeder einzelnen anhört. (...)
Gäbe es in Wien schon ein kommunales Kinderspital, dann wäre diese Mutter vielleicht schon ihrer Sorge enthoben. So aber liegt sie in Sorge und Qual auf ihrem Lager und sinnt und sinnt den ganzen lieben Tag dem Elend ihres Kindes nach, dem sie doch nicht helfen kann. (...)
Da ich später durch den Kot der Davidgasse durchgewatet bin und vor der neuen Antonskirche stehe, muss ich daran denken, dass die Mütter mit den Kindern zur Taufe in die Kirche müssen, weil jede Haustaufe teuer bezahlt werden muss. (...) Wie leicht könnten die Herren vom Antonsplatz einen Turnus einführen, wonach jede Woche an einem bestimmten Tage einer der Priester hinüberginge? Wie leicht – und doch tun sie es nicht, sie setzen lieber die armen Kinderchen der Gefahr einer Verkühlung aus.«

Bevor es Standesämter gab, konnte man nur in der Kirche heiraten, und auch die Geburten der Kinder waren dort zu melden. Daher hatten auch *Nicht-Gläubige* immer wieder Kontakt mit der Kirche. Durch das rasante Wachstum des Bezirks wurde nach der Keplerkirche eine weitere Kirche notwendig. Eine derart monumental konzipierte Kirche für die arme Bevölkerung Favoritens zu bauen war außergewöhnlich. Dem ersten Pfarrer der Kirche, Matthias Eisterer, lag aber das Wohl der ärmeren Bevölkerung am Herzen. Und dem jungen Fabrikarbeiter Severin Refeis gelang es, die scheinbar unüberwindbare Barriere zwischen Kirche und dem verarmten Proletariat zu überwinden, indem er einen *katholischen Arbeiterverein* ins Leben rief.

Max Winter legte auch hier den Finger auf die Versäumnisse der Stadtregierung, die zwar Kirchenplätze verschönt, aber der arbeitenden Bevölkerung Favoritens keine Erholungsplätze gönnt.

Max Winter schrieb 1901 in der *Arbeiter-Zeitung* folgende Sozialreportage:

Antonskirche 1902

Keplerkirche 1909

»Der *Wielandplatz* ist einer der ältesten Plätze in Favoriten. Er trägt wie alle diese Oasen in der Ziegelhaufenwüste des Proletarierbezirkes das Gepräge der Armut, der Verwahrlosung, der Unfreundlichkeit an sich. Kein Gärtner zeigt auf diesen Plätzen seine Kunst. Schwarzbraune, rissige Robinienstämme ringen sich aus dem festgestampften Boden zum Licht. Zwischen den Stämmen stehen Bänke, aber alle ohne Lehnen. (...) Wenn nur die Ringstraße bequeme Bänke für das Volk der Bummler hatte. Der Arbeiter, der draußen auf der Bank sein Mittagbrot einnimmt, der braucht keine Lehne. Auch die Näherin nicht, die tagsüber mit gekrümmtem Rücken über ihrer Nähmaschine sitzt, auch sie braucht keine Lehne, an der sie ihrem Rücken eine Stütze zur Geradehaltung geben könnte. Für die da draußen ist alles gut genug! (...)
Schaut euch doch die zwei jüngsten Plätze von Favoriten an: den Antonsplatz, auf dem sich die neue Kirche erhebt, und dagegen den Laubeplatz, umgeben von Fabriken und Zinsburgen. Vergleicht sie!
Der Platz um die *Antonskirche* ist von den Gärtnern schon erobert. Wege sind angelegt, Bäume werden gepflanzt und bequeme Bänke stehen bereit. Auch auf dem *Keplerplatz*, wo die alte Kirche steht, sind die lehnenlosen Bänke schon durch neue, bequemere ersetzt.
Auf dem *Laubeplatz* aber, auf dem keine Kirche steht, sind die umzäunten Parkflächen nur mit Grassamen beworfen worden, kein Baum, keine Bank ist zu sehen. Dort lagern Abfallpapiere, die in Wien nirgends in Behältern gesammelt werden. Das ist der ganze Umschwung im System, dass die Christlich-Sozialen die Kirchenplätze pflegen.«

Preyer'sches Kinderspital 1940, dahinter Schmidt-stahlwerke

Preyer'sches Kinderspital

1910–1914, Schrankenberggasse 31

Im Sommer 1901 traf der Domkapellmeister zu St. Stephan, *Gottfried von Preyer*, auf einem Spaziergang am Laaer Berg angeblich eine Frau mit ihrem sterbenden Kind im Arm. Das Kind konnte wegen Platzmangels keine Aufnahme in den Spitälern finden. Ob der noble Herr den Artikel von Max Winter gelesen hat, ist fraglich, aber er war jedenfalls vom Elend so gerührt, dass er versprach, für die Armen des Laaer-Berg-Gebietes ein Spital zu stiften. Sein Vermögen von zwei Millionen Goldkronen wurde nach seinem Tod zum Bau des *Preyer'schen Kinderspitals* verwendet. Zur Zeit der Errichtung gab es um das Spital herum nur Grünflächen und einen Fußballplatz.

Kaiser-Franz-Josef-Spital um 1910

Kaiser-Franz-Josef-Spital

Kundratstraße 3

Bis zur Mitte des 19. Jahrhunderts gab es in Wien nur drei Spitäler: das *Allgemeine Krankenhaus*, das *Wiedner Krankenhaus* und die *Rudolfstiftung*. Aber ihre Kapazitäten reichten bald nicht mehr aus. In Epidemiezeiten mussten Notlösungen getroffen werden, um spitalsbedürftige Kranke gut versorgen zu können. Tuberkulose und Blattern (Pocken) machten eine stationäre Aufnahme notwendig. Daher wurde im März 1884 der Entschluss des k.k. Ministeriums für Inneres gefasst, ein viertes Krankenhaus zu errichten, in dem »auch Platz für sporadisch auftretende Infektionskrankheiten zu schaffen sei«.

Das war die Geburtsstunde des *Kaiser-Franz-Josef-Spitals*. Es wurde das erste moderne Spital mit mehreren Pavillons, isolierten Infektionsabteilungen und sogar einem Institut zur Gewinnung von Diphterieheilserum. 1906 wurden auch noch zwei Kinderpavillons eröffnet.

Schulen für Kinder aus Favoriten

Zur Zeit der Monarchie hatte die katholische Kirche eine privilegierte Stellung im Bereich des Schulwesens. Gebete in den Schulklassen waren auch für Nichtgläubige verpflichtend, und den sonntäglichen Kirchgang überprüfte der *Herr Katechet* am Montag in der Schule. Als guter Schüler galt man, wenn im Zeugnis in *Fleiß*, *Betragen* und *Religion* ein *Sehr gut* stand. Bis zu achtzig Kinder in einer Klasse unterrichten zu müssen, war für das pädagogisch ungeschulte Lehrpersonal, meist Frauen, oft nur durch Strenge möglich. Der Schulalltag war daher geprägt von Unterdrückung und Gehorsam. Obwohl die Bezahlung äußerst schlecht war, hatten die Lehrerinnen, *Fräun* (Fräulein) genannt, einen anerkannten Rang in der Gesellschaft und Macht über die Kinder ihrer Klasse. Diese Macht untermauerten sie mit strengen Regeln, für deren korrekte Einhaltung sie zu sorgen hatten.

— Beim Betreten des Schulhauses haben die Knaben die Mützen abzunehmen.
— In den Gängen muss man auf den Zehen gehen und die Lehrpersonen durch Verneigen grüßen.
— Beim Eintritt des Lehrers haben die Schüler aufzustehen und denselben im Chor zu grüßen.
— Jeder Schüler sitzt ordentlich auf seinem Platz, Hände geschlossen auf dem Tisch.
— Melden geschieht bescheiden mit dem Finger der rechten Hand.
— Hat ein Schüler seine Aufgaben nicht gemacht, ist er im Unterricht frech oder unaufmerksam, muss er hier bleiben, gleich im Anschluss an den Unterricht, bis die Aufgaben nachgemacht sind. Eine Verständigung der Eltern erfolgt nicht.
— Ist der Schüler im Unterricht frech, kann er vom Lehrer mit dem Staberl ein paar auf die Finger bekommen. Wenn das Staberl bricht, muss das Kind ein neues mitbringen.

Das *Waldkloster* am Rande des Laaer Waldes in der heutigen Quellenstraße wurde 1872 von zwei Klosterschwestern eröffnet, um den böhmischen und slowakischen Kinder aus dem ärmlichen *Kroatendörfl* eine Schule zu ermöglichen.

Waldkloster 1910

Schule in der Triester Straße »Ohne Fleiß – kein Preis«

»*Ohne Fleiß – kein Preis*«, steht heute noch über dem Tor einer anderen Schule auf der *Triester Straße 114*. Dort wurden viele Kinder der Ziegelarbeiter unterrichtet.

Viele der alten Schulgebäude aus dem 19. Jahrhundert stehen heute noch. Aber die Schule meiner Großtanten in der Quellenstraße 73 hab ich leider nie gesehn. Das Haus ist schon lange abgerissen. An die Geschichten aus ihrer Schulzeit kann ich mich aber gut erinnern. Als ich ein Bild ihrer Schule in der Bezirkszeitung entdeckte, waren meine Tanten leider schon gestorben. Aber es beweist mir, dass man wirklich von außen in die Klassen sehen konnte, wie sie mir immer beteuert hatten.

Volksschule Herzgasse 87 um 1900

Hier ging meine Mutter in die Schule …

… und hier mein Vater.

Volksschule Knöllgasse 59 um 1909

Meine Großtante Wicki erinnert sich:

»Der Ottl, die Hüdl und i, mir warn ja die jüngsten Gschwister daham. Die Hüdl is als Erschte in d' Schuj kumman. Im Viererjahr war's, also 1904, da is sie in die Volksschul kumman. De war da hint bei der Wasserleitung, in der Quöllenstraßn auf Nummer 73. De Schul hat so niadere Fenster g'habt, da hat ma einesegn kennan. Da Ottl und i san am Anfang immer zur Schuj grennt, und habn einegschrian in die offenen Fenster: ›Hüdl, kumm ham, Hüdl, kumm außa!‹ Bis amoj der Schujdiener mit'n Wasser kumman is und uns ang'schitt hat. Damals war ja so a arme Gsöschaft. Do san oft Kinder in d' Schuj kumman, was no ka Fruahstuck g'habt hab'n. Die Lehrerin hat täglich g'fragt: ›War jemand ohne Frühstück? Ist jemand heute ohne Kaffee, ohne Milch, ohne Tee hier?‹ Da hab'n si dann a paar g'mödt. Und die Lehrerin hat dann den Schujdiener kumman lassn, und hat eam g'sagt, er soll dena armen Kinder a Fruahstuck bringen, von ihrm eigenen Geld. Dabei hab'n die Lehrerinnen kan hochn Gehalt g'habt.

Die Volksschule meiner Großtanten, Quellenstraße 73

De Hüdl muaß a Bedlerin g'wesen sei. De is oft ham kumman von da Schuj, in jeder Hand a Labl Brot. De Schujbiacher hats erscht danach g'hojt, weu erscht hat's es Brot hamtrogn miassn.

Wie die Mutter g'fragt hat, wo sie des Brot her hat, hats irgendwas g'logen. Weu waun sie da Mutter die Wahrheit g'sagt hätt: ›Unser Lehrerin lasst denen Kinder, de was ka Fruahstuck ghabt ham, vom Schujdiener ans hojn‹, na de hätt solche Hieb kriagt, de hätt sa sie gmerkt. Die Mutter hätt gschrian: ›I werd da gebn, alle meine acht Kinder kriagn a Fruahstuck, mir brauchn net betteln.‹ Da war unser Mutter streng. Nur kan schlechtn Ruaf.

Aber uns Kinder hat halt des Brot vom Schujdiener besser gschmeckt als des von daham aus der Brotdosen auf der Kredenz.«

Der Erste Weltkrieg (1914–1918)

Nach der Volksschule besuchten meine Großtanten, so wie die meisten Favoritner Arbeiterkinder, die dreijährige *Bürgerschule* und daran anschließend die Hutstaffierer-Lehre. Als der Krieg ausbrach, waren sie zwar erst 16 und 17 Jahre alt, aber ihre Jugend war bereits zu Ende.

Als wir im Geschichtsunterricht vom Ersten Weltkrieg lernten, waren meine Tanten darüber entsetzt, dass wir außer einigen Jahreszahlen und Namen von Kriegsschauplätzen nichts wussten. Für mich war der Weltkrieg genauso fern wie Hannibals Feldzug gegen die Römer. Aber selbst wenn man uns in der Schule gesagt hätte, dass Österreich-Ungarn 8,5 Millionen Männer für den Kriegsdienst mobilisiert hatte, dass die k. u. k. Armee 1,2 Millionen Tote und 3,9 Millionen Verwundete, Gefangene und Vermisste zu beklagen hatte, hätte ich mir von diesen riesigen Zahlen keine Vorstellung machen können.

Erst als mir die Tanten erzählten, wie sie selbst diese vier Jahre erlebt und – wie durch ein Wunder – überlebt haben, ist mir das Grauenvolle des Krieges, und vor allem seine Sinnlosigkeit bewusst geworden. Zuerst wurden verfassungsrechtliche Grundrechte wie Presse- und Versammlungsfreiheit aufgehoben, die Repressions- und Sanktionsmittel hingegen verschärft. Binnen kürzester Zeit wurden 75 Prozent der männlichen Bevölkerung zwischen 18 und 55 Jahren zu den Waffen gerufen. Auch die vier Brüder der Tanten mussten an die Front. Ihr Vater war zwar mit seinen 59 Jahren zu alt war für den Kriegsdienst, musste aber seine Werkstatt auf Kriegsproduktion umstellen. Statt der Töpfe und Pfannen reparierte er fast nur noch Soldatenhelme. Hermine, seine älteste Tochter, nähte von einem Tag auf den anderen keine Damenhüte mehr, sondern ausschließlich Militärkappen. Und viele Fabriken in Favoriten wurden zur Produktion von Kriegsmaterial verpflichtet. Die Schmidtstahlwerke fabrizierten Geschoßhülsen, die Steyr-Werke lieferten Waffen und die Firma Goerz stellte Sicht- und Ortungsgeräte für die Front her. Bald schlugen auch in Favoriten keine Glocken mehr, beim Militär wurden sie eingeschmolzen, um aus ihnen Kanonen zu fertigen.

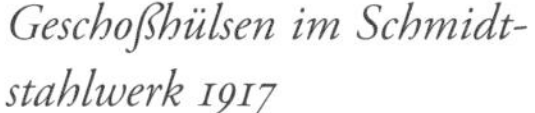

Geschoßhülsen im Schmidt-stahlwerk 1917

Schaffnerinnen (Dritte von rechts: meine Großtante Hilda)

Während die Männer an der Front waren, mussten Frauen deren Arbeit übernehmen, erhielten aber oft nur vierzig Prozent des Lohnes für die gleiche Arbeit. Da auch bei den Städtischen Straßenbahnen die Männer fehlten, mussten die Frauen Arbeiten verrichten, die man ihnen vorher nicht zugetraut hatte. Meine Großtante Hilda zum Beispiel wurde als Schaffnerin bei der Straßenbahn eingeteilt. Vier elektrische Straßenbahnlinien verbanden damals schon den zehnten Bezirk mit dem Stadtzentrum:

— Linie 65: Triester Straße bis Troststraße, ab 1911
— Linie 66: Laxenburger Straße bis Troststraße, ab 1907
— Linie 67: Favoritenstraße bis Schleiergasse, ab 1907
— Linie 6: Gudrunstraße nach Simmering, ab 1907

In der Früh trat Tante Hilda in der Schaffneruniform ihren Dienst in der Favoritner Remise an. Zehn bis zwölf Stunden dauerten ihre Fuhren täglich, im Winter fror sie entsetzlich auf der offenen Plattform. Auch das Nachtarbeitsverbot galt nicht mehr. Dabei musste sie nach dem Straßenbahndienst noch ihre Familie versorgen. Als dann die Lebensmittel knapp wurden, stellte sie sich oft die ganze Nacht vor dem Greißlergeschäft an, um einen Leib Kukuruzbrot oder ein wenig Schmalz zu ergattern. Und vor dem Spätdienst versuchte sie, auf dem Markt etwas Gemüse zu bekommen, meistens bekam sie nur mehr Futterrüben, die bald zur Hauptnahrung für die ganze Familie wurden.

Ihre Schwester Wicki musste als 16-jähriges Mädchen täglich von der Buchengasse nach Baden in die Munitionsfabrik fahren, um dort zehn Stunden am Fließband zu stehen. Da der Betrieb unter militärischer Aufsicht stand, waren die Kontrollen dementsprechend scharf. Sie erzählte uns:

»Mei Liaber, die habn aufpasst, wie die Haftlmacher. Die habn sogar zählt, wie oft wir aufs Häusl gehn. Dabei hab i die Ruhr ghabt, weil mir ja nix wie Ruam gfressn habn.«

Jeden Samstag war Brennmittelausgabe. Da stand sie noch stundenlang in der Schlange für einen Sack Kohlen und einen Bund Brennholz. »Den schwaren Sack hab i dann am Buckl hamschleppen miassn, bis nach Favoriten.«

Der Winter 1916/17 war so schneereich und eisig kalt, dass die Straßenbahn auch in Favoriten kaum fahren konnte. Zwischen übermannshohen Schneehügeln bahnten sich meine Tanten ihren Weg, wenn sie mit ihrem Leiterwagerl in den Wienerwald fuhren, um Holz zum Heizen zu klauben. Aufgrund der Nahrungsmittelknappheit und weil das Geld immer weniger wert wurde, kam es immer wieder zu Streiks mit der Forderung: »Gebt uns den Frieden wieder – oder wir legen die Arbeit nieder!«

Die Buchengassen-Wohnung, in der die beiden Tanten mit ihren Eltern wohnten, wurde zu einem der geheimen Treffpunkte der *Linken.* Sozialdemokraten, Revolutionäre Sozialisten und Kommunisten versammelten sich dort regelmäßig, um Streikpläne zu schmieden, Flugblätter zu entwerfen und Geld für die Familien der Inhaftierten zu sammeln. Die Berichte in der *Arbeiter-Zeitung* über die Russische Revolution, die zum Sturz des Zaren geführt hatte, ließ unter den Favoritner Genossen Hoffnung aufkeimen. Aber es dauerte noch lange, bis auch die kaiserliche Regierung anfing umzudenken. Erst als ihre Angst vor einem revolutionären Umsturz in Österreich zu groß wurde, traten sie einen Schritt auf die Sozialdemokraten zu. Nach vier Jahren Versammlungsverbot gestattete sie ihnen erstmals, einen Parteitag abzuhalten.

Am *19. Oktober 1917* begann im großen Saal des *Favoritner Arbeiterheims* der Parteitag mit 283 Delegierten. Die Verhandlungen dauerten fünf Tage. Unter den Gewählten des Parteivorstandes waren große Persönlichkeiten wie: *Victor Adler*, *Engelbert Pernerstorfer*, *Adel-*

heid Popp, *Jakob Reumann*, *Karl Seitz*, *Otto Bauer* und *Karl Renner*. Als Ergebnis wurde unter anderem die Einheit der Partei präsentiert, die sich laut Otto Bauer auf dem politischen Weg nach links befand. Die russische Revolution wurde jedenfalls als mächtigster Helfer im Kampf um den Frieden begrüßt. Daraufhin fanden überall Friedenskundgebungen statt. Auch im Konzerthaus. An diese größte Kundgebung der Sozialdemokraten erinnerte sich Tante Hilda:

»Es war an einem Sonntag, ich hab zufällig dienstfrei ghabt. Da san wir, der Vater, die Mutter, die Wicki, der Otto und ich zum Konzerthaus gangen. Aber der große Saal war schon so überfüllt, dass a große Menschenmenge gar nimmer rein hat können. Für die habens dann gleich nebenan, am Platz vom Eislaufverein, a separate Kundgebung abg'halten. Immer wieder san Funktionäre raus'kommen, damit sie der Menge auf dem Platz berichten, was drinnen im Saal von den Rednern g'sagt word'n is. I weiß no, dass die Rede vom Renner mit Pfuirufen aufg'nommen word'n is, aber mit den Ausführungen vom Victor Adler, dem Vorsitzenden der Partei, war'n wir einverstanden. Weil der hat mit Kampfmaßnahmen gedroht, wenn der Krieg weiter verlängert wird. A große Menschenmenge is gleich danach zum Kriegsministerium marschiert, um die sofortige Einstellung der Kampfhandlungen an allen Fronten zu verlangen. Unser Otto is mitmarschiert, der war damals mit seine 17 Jahr Mitglied von der radikalen Jugendgruppe in Favoriten, die ganz unterm Einfluss vom Leo Rothziegel g'standen is. Unserm Vater war der Rothziegel net ganz geheuer, aber zum Victor Adler hat er vollstes Vertrauen g'habt und war fest überzeugt, dass der Krieg bald zu Ende sein wird.«

Als die Friedensverhandlungen am 12. Jänner 1918 abgebrochen wurden, legten viele Betriebe die Arbeit nieder und gaben das Signal zur größten Streikbewegung in der Geschichte der Monarchie. Fast eine Million Werktätige folgte dem Aufruf der Linksradikalen, auch die Fabrikarbeiter in Favoriten. Tante Hilda erinnert sich an den Jännerstreik 1918:

»Wie ich in der Früh am 16. Jänner in die Remise komm, herrscht unter den Kollegen schon große Aufregung. Einige haben g'hört, dass schon in a paar Betriebe g'streikt wird. Wir san trotzdem mit der Straßenbahn losg'fahrn.

Da kommt uns auf dem Gürtel eine riesige Menschenmenge mit Transparenten entgegen, dass wir mitten auf der Straße haben halten müssen. Männer in blauen Arbeitsanzügen sind aufg'sprungen und haben gebrüllt: ›Wieso fahrts ihr noch? Es herrscht Generalstreik!‹ Dann haben sie Flugblätter an die Fahrgäste verteilt, und einer hat den Text laut vorg'lesen. Die wichtigsten Forderungen waren: sofortiger Waffenstillstand, Freilassung der politischen Gefangenen, und vor allem sollen die Arbeiterräte die Lebensmittelverteilung übernehmen.
Da ist lauter Jubel ausgebrochen, weil allen Zuhörern hat man den Hunger angsehn. Die Fahrgäste haben ohne Murren den Zug verlassen, die Demonstranten sind weiterzogen zum Südbahnhof, und wir sind mit der leeren Straßenbahn in die Remise g'fahrn.
Dort im Bahnhof Favoriten hat der Obmann der Favoritner Bezirksorganisation, der Schani Pölzer, zu uns g'sprochen. Mein Gott, der Schani, ein richtiger Volkstribun, den hat in Favoriten jedes Kind 'kennt. Er erklärt uns also, dass die Partei hinter dem Streik steht. Sowas wie den Streik hab ich nie wieder erlebt. Der Kampfgeist der Arbeiter war beispiellos. Jeden Tag hat's mehrere Versammlungen an verschiedenen Orten geben. Die Streikenden san net bequem daham blieb'n, die waren alle auf der Straßen, vor den Fabriken, auf den Plätzen. In der Inneren Stadt haben sogar manche Modegeschäfte ihre Rollbalken runter 'lassen. Transparente und rote Fahnen haben die Menschen 'tragen, Arbeiterlieder g'sungen, Losungen g'rufen, es war unbeschreiblich. Die Parteifunktionäre haben uns zwar immer wieder aufg'fordert, Ruhe zu bewahren und der Polizei kan Anlass zum Einschreiten zu geben, aber sie san niederg'schrien wordn. Die Arbeiter waren *Herren der Straße*, und alle Räder san still g'standen.«

Aber auch dieser Streik wurde abgewürgt, und das Massenmorden an der Front ging noch zehn Monate weiter. Im Oktober 1918 erfolgte der völlige Zusammenbruch der k. u. k. Armee, die man nicht mehr ernähren, bekleiden und technisch versorgen konnte. Es gab bald mehr Deserteure als Soldaten, deren Durchschnittsgewicht bereits auf fünfzig Kilogramm abgesunken war.

Von den vier Brüdern der Tanten verstarb Oswald mit 31 Jahren in der Schweiz an der Spanischen Grippe. Die drei anderen kamen schwerverletzt aus dem Krieg zurück, einer von ihnen mit durchschossener Lunge. Das war mein Großvater. Die Soldaten waren zwar endlich daheim, aber auch hier in Favoriten herrschten desaströse Zustände. Für die vielen zurückkehrenden Soldaten und die Tausenden Flüchtlinge aus allen Teilen der Monarchie gab es nicht genug Wohnraum, keine Arbeitsplätze und kaum Nahrung. Es war ein Kampf ums Überleben. Viele Todesopfer forderte außerdem die Spanische Grippe, an der auch Victor Adler am 11. November 1918 starb.

Gründung der Ersten Republik – Rotes Wien (1918–1934)

Einen Tag nach Victor Adlers Tod, am 12. November 1918, wurde unter dem sozialdemokratischen Staatskanzler *Karl Renner* die Republik ausgerufen. Nach vier langen Kriegsjahren wären die heimgekehrten Soldaten allzu bereit gewesen, dem Beispiel Sowjetrusslands zu folgen und für die Diktatur des Proletariats zu kämpfen. Aber die Republik entschied sich für eine Koalition der Sozialdemokraten mit den Christlichsozialen.

Da die Angst der bürgerlichen Parteien vor einer *Linken Revolution* noch immer groß war, stimmte die Koalition zunächst den wichtigsten sozialdemokratischen Forderungen zu. Der Acht-Stunden-Arbeitstag wurde eingeführt und die Sozial-, Kranken- und Pensionsversicherung durchgesetzt. Auch das Recht auf Urlaub konnte gesetzlich geregelt werden.

Die ersten uneingeschränkten, *freien Wahlen zum Wiener Gemeinderat im Mai 1919* brachten der Sozialdemokratischen Arbeiterpartei die absolute Mehrheit an Stimmen und Mandaten, so wurde sie die bestimmende Kraft im Wiener Rathaus und *Jakob Reumann* der erste vom Volk gewählte Bürgermeister Wiens. Als Wien 1922 ein selbstständiges Bundesland mit eigener Steuerpolitik wurde, konnte er die Grundlage für ein *Rotes Wien* legen – trotz der vermehrten Angriffe aus dem bürgerlichen Lager.

Jakob Reumann (1853–1925), gelernter Drechsler ohne höhere Schulbildung, legte besonders auf Bildung den größten Wert, bald gab es in jedem Bezirk eine eigene Volkshochschule, und die Arbeiterbüchereien wurden mit Werken der Weltliteratur aufgefüllt. Auch Bücher über Naturwissenschaft, Pädagogik und Gesellschaftspolitik fanden Anklang, denn der Nachholbedarf war groß. In der *Arbeiterzentralbücherei* Favoriten gab es bald jährlich mehr als 100 000 Entlehnungen. Tante Hilda holte sich ihre Buchempfehlungen aus der Zeitschrift *Der Straßenbahner*, dessen Motto lautete: »*Aussprechen, was ist!*«

Das Herzstück des *Roten Wien* waren die fast 400 Häuser, die, verteilt über die ganze Stadt, Wohnraum für ein Zehntel der Stadtbevölkerung boten. Allein in Favoriten entstanden 43 Gemeindebauten, und für eine durchschnittliche Gemeindewohnung betrug die Miete nur etwa fünf bis zehn Prozent eines Arbeiterlohns.

Das umfangreiche Bauprogramm wurde 1923 gestartet, um für die Bevölkerung menschenwürdige Wohnungen zu schaffen: Hell, trocken, mit Wasserleitung und WC ausgestattet, waren sie ein krasser Gegensatz zu den Bassena-Wohnungen in den Mietskasernen. Die Wohnbausteuer wurde von den Reichen in Form einer *Luxusabgabe* eingefordert, für Villen, Automobile, Pferde, Hunde, Hausangestellte und so weiter. Viele dieser Gemeindebauten waren mit Grünanlagen, Kindergärten, Mutterberatungsstellen, Ambulatorien, Tuberkulosestellen und Leihbibliotheken ausgestattet, und in einigen Parks der Arbeiterbezirke wurden Kinderfreibäder eingerichtet. Die Untergeschoße der Wohnbauten wurden für Geschäfte des täglichen Lebens reserviert. Durch attraktive Laubengänge konnte man zu Fuß zum Greißler, zum Schuster, zum Obsthändler oder zum Friseur gehen. Auch zum Konsum. Die *Konsumgenossenschaft Wien* besaß bald eine Reihe von Eigenbetrieben wie Molkerei, Bäckerei, Weinkellerei, Kaffeerösterei und 163 Konsum-Filialen. »Das große Ziel der Genossenschaftsbewegung ist dann erreicht, wenn der Konsument sein eigener Kaufmann und sein eigener Fabrikant geworden ist« (aus: *Das Neue Wien*).

Umspannwerk in Favoriten, 1931 eröffnet, Humboldtgasse 1–5

Die neue rote Stadtverwaltung war auch auf den Straßen Favoritens erkennbar. Zur Nutzung des günstigeren Nachtstroms beschloss die Gemeinde anstelle der alten Gasleuchten die Einführung der elektrischen Straßenbeleuchtung. 1928 wurden bereits fünfzig Prozent der Straßen Wiens durch elektrische Lampen beleuchtet. 1929/1931 entstand in der Humboldtgasse 1–5 ein futuristisch anmutendes Umspannwerk, wahrscheinlich beeinflusst durch die sowjetische Revolutionsarchitektur.

Eine moderne Kehrichteinsammlung machte die *Mistbauern* überflüssig und damit der Staubplage ein Ende.

»Um die Bevölkerung zur Reinlichkeit zu erziehen und die Straßen sauber zu halten, wurden bisher für 2000 Wohnparteien mehr als

5 000 Abfallsammelkörbe aufgestellt. Hervorzuheben ist, daß fast alle technischen Neuerungen in den eigenen Werkstätten der Gemeinde entworfen und hergestellt werden.« (Robert Danneberg, *Zehn Jahre neues Wien*, 1929)

Die städtische Feuerwehr wurde zunehmend mit den neuesten Errungenschaften ausgebaut, um das System der freiwilligen Feuerwehren langsam abbauen zu können.

Max Winter wurde einer der drei Vizebürgermeister. Als Experte für das Wohlfahrtswesen erreichte er im Stadtrat Beschlüsse zu den Grundlagen für jene Sozialpolitik, nach denen Julius Tandler später das Fürsorgesystem der Stadt schuf. Winters besonderer Ehrgeiz galt aber den Kinderfreunden: Er gründete 1917 auf Basis der *Kinderfreunde-Bewegung* den Reichsverein und war bis 1930 dessen Obmann. Ein besonders kinderfreundliches Projekt war das Kinderfreibad am Wasserturm. Auch im Arthaberpark wurde ein Kinderfreibad errichtet. Die Kinder sollten sich langsam an das Wasser gewöhnen, ebenso wie an die gewünschte Gesundheitsprophylaxe und Sozialhygiene.

Kinderfreibad am Wasserturm

Kinderfreibad im Arthaberpark

Julius Tandler: »Wer Kindern Paläste baut, reißt Kerkermauern nieder.«

Der Arzt *Julius Tandler* (1869–1936), Stadtrat für das Wohlfahrts- und Gesundheitswesen, sah seine Aufgabe vor allem im Verhindern von Krankheiten. Weil die Zahl der Tuberkulosekranken ins Unermessliche stieg, gestaltete er das gesamte Fürsorgewesen neu. Er erkannte, dass die Ursache der Proletarierkrankheit Tuberkulose in den sozialen Verhältnissen liegt.

Von den 89 neu errichteten Kindergärten wurden die meisten als *Volkskindergärten* geführt, sie standen von 7 bis 18 Uhr offen. Das Besuchsgeld war sozial gestaffelt, zwei Drittel der Kinder waren von der Zahlung ganz befreit. Besonders in den großen Gemeindebauten waren die Kinder gut versorgt:

»In allen Anlagen sind große, gärtnerisch ausgestattete Höfe vorgesehen, die den Kindern des Hauses als Spielplatz dienen. Einzelne große Anlagen besitzen Spielsäle für die Kinder. Um eine geregelte Leitung und Beaufsichtigung der Kinder zu erwirken, werden in den größeren Wohnhausanlagen eigene städtische Kindergärten und Kinderhorte errichtet. Bis zum Ende des Jahres 1927 kamen 37 Kindergärten, 13 Horte und 8 Mutterberatungsstellen in Gemeindebauten zur Ausführung.« (Robert Danneberg, *Zehn Jahre neues Wien*, 1929)

International bekannt wurde auch das erste *Montessori-Kinderheim* der Stadt Wien (1923) in der Troststraße 78. Die italienische Ärztin *Maria Montessori* (1870–1952) entwickelte eine Methode zur möglichst freien Entfaltung der Kinder. Durch eine Art von Selbstverwaltung sollte ihre frühe Selbständigkeit gefördert werden.

Kindergarten im Waldmüllerpark: 1925 eröffnete Bürgermeister Jakob Reumann den umgestalteten Waldmüllerpark, der früher der katholische Friedhof von Matzleinsdorf war. Sterbliche Überreste waren vorher exhumiert und neu begraben worden, darunter Persönlichkeiten wie Ferdinand Georg Waldmüller und der Bruder von Ludwig van Beethoven. Als Erinnerung an den ehemaligen Friedhof blieben ein Teil der Friedhofsmauer, eine Steinlaube und eine Steinpergola beim Haupteingang erhalten. Damals entstand als Ausflugslokal auch eine Milchtrinkhalle. Im März 1925 eröffnete ein städtischer Kindergarten im Waldmüllerpark, er wurde mit den Worten angepriesen:

»Mitten in einem Garten erhebt sich dieser schmucke Bau, der wohl alles enthält, was von einem modernen Kindergarten gefordert werden kann: mit den modernsten Spielmitteln ausgestattete Kinderzimmer, zwei große Spielsäle, eine Liegehalle, Brause- und Wannenbäder, ein Planschbad, ein ärztliches Untersuchungszimmer und vor allem große und freie Plätze zum Spiel für die Kinder.«

Kindergarten Waldmüllerpark 1925

Die Schulreform unter dem sozialdemokratischen Lehrer und Stadtschulratsleiter *Otto Glöckel* war ein Erfolg, der internationale Anerkennung genoss. Anstelle der dreiklassigen Bürgerschule trat die vierklassige Hauptschule, die Einführung des *Ersten Klassenzuges* diente zur Förderung besonderer Begabungen.

Die Klassenschülerhöchstzahl wurde von fünfzig auf dreißig gesenkt und die Lehrmittel gratis an alle Schüler abgegeben. Die Schulbücher wurden neu gestaltet, ohne Gebete, ohne fromme Sprüche, ohne Kirchenlieder. Es erfolgte also die absolute Trennung von Schule und Kirche. Von dieser Schulreform profitierte auch meine Mutter in der Favoritner Volksschule in der Herzgasse.

Im *Favoritner Arbeiterheim* gab es bald eine Zahlstelle der *Allgemeinen Arbeiterkrankenkasse*. Auch eine *Konsumfiliale* wurde eröffnet und das *Amalienkino*, benannt nach der beliebten Favoritner Politikerin Amalie Pölzer.

Für die Kinder war das Wichtigste, dass im Arbeiterheim das erste Favoritner *Kinderfreunde*-Lokal errichtet wurde. Hier wurde unter der Führung von geschultem Personal die Freizeit der Arbeiterkinder sinnvoll gestaltet: gemeinsame Ausflüge, Ferienlager, Feste, musikalische Heimabende. An einem Tag in der Woche gab es für die Kinder sogar Blutwurst. Durch den Eingang in der Laxenburger Straße kamen sie in den Keller, der zum sogenannten *Blunzengangl* führte. Dort bekamen alle ihre Blunzen, ein Festmahl für die ganze Familie.

1922 schlossen sich die *Kinderfreunde* und der sozialistische Schulverein *Freie Schule* zu einer gemeinsamen Organisation zusammen. Besonders beliebt war ihr jährlicher *Roter Umgang* am sogenannten *Tag des proletarischen Kindes*. Dieses Frühlingsfest war als Gegenveranstaltung zum traditionellen Fronleichnamsumzug gedacht. Statt gespielter Frömmigkeit und klerikaler Staffage für reaktionäre Propaganda feierten die Sozialisten ein *Fest der Freude*. Auf den Wiesen und Sportplätzen spielten und musizierten die Kinder gemeinsam mit Eltern und Erziehern. In allen Wiener Bezirken erlangten diese Frühlingsfeste große Popularität unter den proletarischen Kindern und Eltern. Auch Genossen der Bezirksorganisation und Schutzbündler feierten mit, trotz Alkoholverbots.

Ein Ausschnitt aus der *Arbeiter-Zeitung* von 1926:

»Favoriten stellte heuer wieder Massen auf die Beine wie sonst bei großen Demonstrationen. Der Zug war so lang, dass er sich an keiner einzigen Stelle voll entfalten konnte. Immer war der Kopf oder das Ende des Zuges noch in einer anderen Gasse. Die ganze Quellenstraße, die ganze Favoritenstraße – eine unübersehbare Menschenmasse, und überall flatterten die Wimpel der Roten Falken. Favoriten hat gezeigt, dass es entschlossen ist, die Rechte für seine Kinder zu erobern.«

Fußball in Favoriten

Favoritens männliche Jugend war von Kind auf gewohnt, mit Fetzenlaberln zu spielen. Aber vom Fußballsport waren Handwerker und Arbeiter anfangs ausgeschlossen. Die Vereinsspiele gingen nur im bürgerlichen und adeligen Milieu über die Bühne. Mit der Zeit aber breitete sich der neue Rasensport auch in den Außenbezirken aus, und als die jungen Fabrikarbeiter das Fetzenlaberl für sich entdeckten, mussten die Journalisten oft über Raufereien zwischen den Anhängern bis hin zum Verprügeln von Schiedsrichtern berichten. Der Ball bestand bei den ärmsten Jugendlichen buchstäblich nur aus zusammengeschnürten Fetzen, und Rasensport war eine Beschönigung für die auf den lehmigen Brachflächen Favoritens abgehaltenen Wettkämpfe. Den Fußballsport entdeckte man auch als eine gesunde Möglichkeit, dem grassierenden Alkoholismus zu entkommen.

Der erste Favoritner Verein war der *Sportclub Rudolfshügel*, der 1902 gegründet wurde und am Friesenplatz beheimatet war. Aus ihm entwickelte sich kurz darauf durch Abspaltung der *ASV Hertha*. Damit war bis Ende der 1920er Jahre eine Favoritner Rivalität geboren. Beide Vereine spielten meist in der höchsten Spielklasse und sie teilten sich Favoriten auf. Die Trennungslinie war die Favoritenstraße. Westlich zur Triester Straße hin gehörte dem Rudolfshügler Lager, östlich der Favoritenstraße wohnten und arbeiteten die Fans der Hertha. *Josef Bican*, ein heute kaum bekannter Fußballer, begann mit zehn Jahren bei der ASV Hertha, spielte aber schon mit 15 Jahren woanders und kam später zu Rapid Wien. Auch *Matthias Sindelar* entstammte aus dem ASV Hertha. Er war wohl der berühmteste Favoritner Spieler, aufgewachsen in der Quellenstraße bei der Kreta, hatte er nicht weit zum Fußballverein nahe dem Wasserreservoir. Er gelangte bald über Umwege zur Austria Wien, die, im Gegensatz zu Rapid, der sich als Arbeiterverein verstand, eher aus Intellektuellen und sogenannten assimilierten jüdischen Bürgerlichen bestand.

Die Ziegelarbeiter am Wienerberg brauchten aber noch bis 1921, ehe sie einen regulären Verein aufstellen konnten, den *SV Wienerberger*, denn die Arbeiter konnten wegen der harten Schichtarbeit und der

Der FavAC befindet sich seit der Gründung 1910 in der Kennergasse.

kargen Freizeit nicht regelmäßig zum Training und zum Sonntagswettkampf kommen.

Industriebetriebe, nicht nur in Favoriten, leisteten sich nach und nach *Werksmannschaften*. Die Schmidtstahlwerke hatten mit *Ajax* auf dem Gelände des *České srdce* in der Katharinengasse Platz gefunden, dort war der tschechische Verein *Slovan*, der sogar in die höchste Spielklasse kam. Die Firma Ankerbrot oder der Zigarettenpapierhersteller Abadie gönnten sich einen Verein, mit dem die Firmen auch gleich Werbung für die eigenen Produkte machen konnten. *Ajax Abadie* hatte sich am Nothnagelplatz beim Wasserturm eingerichtet.

In den ersten Jahrzehnten des 20. Jahrhunderts hatte sich dieser Sport derartig ausgebreitet, dass in Favoriten mehrere Dutzend Sportplätze entstanden. Es gab förmlich an jeder größeren Straßenecke einen Sportplatz. Acht Favoritner Vereine gelangten dabei in die höchste Wettkampfliga.

Die Fußballbegeisterung der Favoritner Jugend gibt auch ein Leserbrief aus dem Jahr 1917 zum Besten. In einer Schularbeit sollten die Schüler die damaligen 21 Wiener Bezirke aufzählen, der Bub hat mit Mühe schon zwanzig auch in der richtigen Reihenfolge hingeschrieben, doch der letzte Bezirk will ihm nicht einfallen. Hernals – hat er, Simmering – Floridsdorf … Da durchzuckt ihn wie ein Blitz die Erleuchtung, und er schreibt erleichtert ins Heft: »*Hertha*!«

Volkshelden

Nicht nur Fußballer wurden als Volkshelden gefeiert. Politiker, die sich für das Wohl der Favoritner Arbeiter einsetzten, wurden sogar zu richtigen Volkstribunen. Die Familie Pölzer gehörte dazu.

Johann (Schani) Pölzer (1872–1934), ein tschechischer Einwanderer, der während seiner Schneiderlehre in der Hasengasse als Bettgeher lebte, engagierte sich schon in jungen Jahren gewerkschaftlich in der Genossenschaftskrankenkasse. Die fehlende Bildung holte er in seiner Freizeit nach, er besuchte Vorträge im Arbeiterbildungsverein und volkstümliche Universitätskurse. Als er mit 25 Jahren Obmann der sozialdemokratischen Bezirksorganisation wurde, kümmerte er sich persönlich um die Probleme der Favoritner Bevölkerung. Egal ob beim Greißler, im Wirtshaus, am Fußballplatz, Schani Pölzer war überall. Victor Adler, Otto Bauer und Karl Renner schätzten daher seine Meinung als *politisches Stimmungsbarometer*.

Seine Frau *Amalie*, (1871–1924) geborene *Baron*, eine gelernte Weißnäherin, lernte Schani Pölzer im Favoritner Arbeiterbildungsverein *Bildungsquelle* kennen. Amalies Großvater war jener Ziegelarbeiter, der den jungen Victor Adler in die Unterwelt der *Sklaven am Wienerberg* eingeschleust und so dessen aufrüttelnde Berichterstattung ermöglicht hatte. Und mit dem Favoritner Original *Baron-Karl* war Amalie auch weitschichtig verwandt. Besonders engagiert setzte sie sich für Bildung, Fürsorge und Frauenrechte ein. Als Gewerkschafterin gründete sie 1901 den *Verein Sozialdemokratischer Frauen und Mädchen* und organisierte gemeinsam mit Adelheid Popp den *Lese- und Diskutierklub Libertas*. Bald wurde sie genauso geschätzt wie ihr Mann. 1919 gelang es ihr, als erste Favoritnerin in den Wiener Gemeinderat einzuziehen. Ihr zu Ehren wurde das neue Bad *Amalienbad* benannt und das Kino im Arbeiterheim *Amalienkino*.

Jakob Reumann, der Erste, der Politik für die Unterschicht machte und die uralten Privilegien der Reichen abschaffte, wurde von den Favoritnern verehrt. Sie mochten ihren *Arbeiterbürgermeister* bereits, als er noch im Favoritner Gemeinderat saß, weil er sich schon damals entschieden für den Bau gesunder und erschwinglicher

Urnengrab von Jakob Reumann

Amalienbad am Reumannplatz 1926

Arbeiterwohnungen eingesetzt hatte. Im Juli 1925, kurz vor seinem Tod wurde der bisherige Bürgerplatz in *Reumannplatz* umbenannt. Seine letzte Ruhestatt fand Jakob Reumann im Urnenhain des von ihm gegründeten Krematoriums.

Sein Nachfolger, Bürgermeister *Karl Seitz*, eröffnete am 8. Juli 1926 das Bad im Proletenviertel mit den Worten:

»Man hat über dieses Bad sehr viel geredet und geschrieben: Warum baut man dieses Bad weit draußen in einem Proletarierbezirk? Darauf antworte ich: Ja, just in diesem Proletarierbezirk haben wir dieses Bad gebaut, um inmitten dieser alten Häuser auch ein Stück Schönheit aufzubauen, weil wir wollen, dass Körperkultur in die breitesten Massen des Volkes dringe. Es soll hier deutlich gezeigt werden, dass der arbeitende Mensch der Luft, des Lichtes und des Wassers bedarf«.

Die *Arbeiter-Zeitung* schrieb nach der Eröffnung des Bades:

»Früher, da hießen in Favoriten die Plätze nach den Mitgliedern der Familie Habsburg. Jetzt gibt es einen Viktor-Adler-Platz, einen Reumannplatz und ein Amalienbad, das nicht nach einer Erzherzogin heißt, sondern nach einer Arbeiterin.«

Schrebergärten

Der Namensgeber für die Schrebergartenbewegung ist der deutsche Arzt *Moritz Schreber*, der sich mit den sozialen Folgen des Stadtlebens beschäftigte. Nach dem Ersten Weltkrieg, als die Lebensmittelversorgung katastrophal war, konnte man auf dem Laaer Berg Grundstücke pachten, um dort das lebenswichtige Gemüse und Obst anzubauen. So entstand zunächst die *Heimkehrersiedlung*. Auch aus einer Mistablagerungsstätte wurden bald *Gartenparzellen*. Der Mist wurde zuerst mit Kalk überdeckt, und darüber kam eine dicke Humusschicht. Danach konnte auf der Parzelle eine kleine Baracke gebaut und mit dem Obst- und Gemüseanbau sowie der Kleintierzucht begonnen werden. Über die alte *Mistgschdedn* breitete sich später das Erholungsgebiet *Heuberggstätten* aus. 1919 wurde die Schrebergartenbewegung von der Gemeinde Wien gesetzlich geregelt. Die Vergabe von Pachtgründen erfolgte nach sozialen Gesichtspunkten, und die Dauer wurde auf 99 Jahre festgelegt.

Schrebergärten, westlich der Triester Straße (heute Golfplatz)

Meine Mutter Oswalda erzählt:

»Mein Vater, Jakob Sokopp, ist als schwerkranker Mann mit zerschossener Lunge aus dem Ersten Weltkrieg nach Hause gekommen, trotzdem engagierte er sich als Funktionär der Sozialdemokratischen Partei für ›Licht, Luft und Sonne‹ für die arbeitenden Menschen. Als bekannt wurde, dass die Gemeinde Wien Interesse an der Errichtung von Schrebergärten hatte, stiegen die Grundstückspreise in enorme Höhen. Meinem Vater gelang es aber, als verkleideter Strohmann der Gemeinde Wien, dem Baron Drasche ein großes Grundstück abzukaufen zwischen Neilreichgasse und Sahulkastraße. Durch diese List konnte mit der Errichtung der Kleingartenanlage ›Am Brunnenweg‹ begonnen werden.

Vater organisierte und beaufsichtigte die Aufschließungsarbeiten, die Einebnung des Geländes und die Parzellierungen. Es mussten Straßen und Wege errichtet werden, Wasserleitungsrohre und Stromleitungen gelegt werden. Trotz seiner tuberkulösen Lunge arbeitete Vater sogar als Obmann der Siedlung unermüdlich mit. Als Dank für sein Engagement bekamen auch wir einen Garten.

Als mein Vater 1929 mit 41 Jahren starb, musste meine Mutter neben der Fabrikarbeit und dem Haushalt auch noch den Garten versorgen. Im Sommer hatten wir reichlich Gemüse, Salat und Obst aus unserem Garten. Wenn es Karotten oder Spinat gab, hätten meine Schwester Trude und ich gerne gestreikt, doch Kohl und Kraut aßen wir ebenso gern wie Eiernockerln oder Semmelknödel mit grünem Salat. Im Herbst war Mutter tagelang mit dem Einkochen von Obst beschäftigt. Da reichte der Platz oben auf der kleinen Küchenkredenz für die vielen Gläser gar nicht aus, sodass sie auch auf den Zimmerkästen stehen mussten. Wir hassten zwar die Einkochzeit, weil wir beim Entkernen der Früchte helfen mussten, doch im Winter war das Kompott zum Grießschmarrn oder zu den Bröselnudeln höchst willkommen, und die Marmeladedatschkerln aus Erdäpfelteig schmeckten uns besser als Fleisch. Mutter konnte nicht oft genug den Vorteil betonen, den wir durch den Besitz des Schrebergartens gegenüber anderen Kindern genossen. Doch undankbar, wie ich damals war, empfand ich diesen Besitz eher als einen Nachteil. Ich beneidete meine Schulkameradinnen, die ihre Sonntage auf dem Kahlenberg oder in der Lobau verbrachten, während ich auf die 200 Quadratmeter Garten beschränkt war. Dass ich im Frühjahr und Herbst jeden Nachmittag und in den Sommerferien den ganzen Tag in frischer Luft verbringen konnte, wusste ich damals nicht genug zu schätzen.«

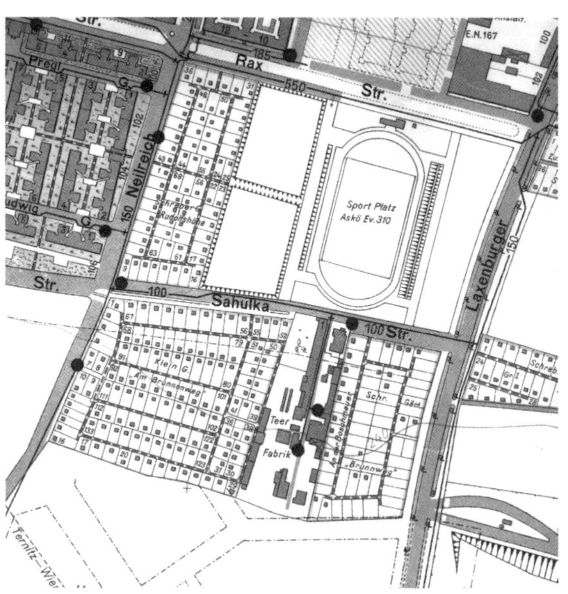

Kleingartensiedlung »Am Brunnenweg«

Gemeindebauten im Roten Wien

Genauso begeistert war die Familie meiner Mutter über die neue Wohnung im Gemeindebau. Diese insgesamt 400 Gemeidebauten wurden bewusst nicht nur in den Arbeiterbezirken, sondern auch in bürgerlichen Wohngegenden Wiens errichtet, um eine soziale Durchmischung der Bevölkerung zu erreichen. Der weithin bekannte *Karl-Marx-Hof* zum Beispiel liegt in dem Wiener Nobelbezirk Döbling.

1923 wurde in Favoriten der *Viktor-Adler-Hof* errichtet mit 117 Wohnungen und einer langen Fassade mit Rundloggien und Balkongruppen entlang der Triester Straße.

Der *Quarinhof* ist benannt nach dem Arzt Joseph von Quarin, der das erste Wiener Findelhaus begründete. Hier entstanden 124 Wohnungen und ein Kindergarten im zentralen Innenhof.

Der *Pernerstorferhof* (nach dem Begründer der österreichischen Sozialdemokratie) steht neben dem bisher namenlosen Haus 64–66, in dem meine Mutter mit ihren Eltern ab 1926 wohnte.

Meine Mutter Oswalda erzählt:

»Unsere Wohnung im Gemeindebau, Troststraße 64, lag im ersten Stock. Sie bestand zwar nur aus einem Zimmer und einer Wohnküche, hatte aber drei große und ein kleines Fenster. In der Küche standen ein Gasherd und ein Koksofen, die Kochnische war verfliest, der Boden des übrigen Küchenraumes mit einem Linoleumbelag versehen. Unter dem Fenster war ein belüftetes Kästchen zur Aufbewahrung von Lebensmitteln eingebaut. Im Zimmer gab es zwei große Fenster und einen Parkettfußboden. Klosett und Wasserleitung befanden sich innerhalb der Wohnung, dann hatten wir noch einen Keller und einen kleinen Verschlag auf dem Dachboden. Ein Paradies für uns Kinder war der große grüne Innenhof mit dem Kinderspielplatz, wo wir uns bei Diabolospielen, Tempelhüpfen und Wolferltreiben vergnügen konnten. Und die Miete für all das betrug nur etwa vier Prozent eines Arbeiterlohnes. Kein Hausherr konnte sich hier an armen Mietern bereichern.

Troststraße 64–66, Gemeindebau ohne Namen 1924–1926

Jeden vierten Samstag hatte Mutter Waschtag, da wurde die Waschküche im Keller zu unserem Badezimmer. Wenn die Wäsche endlich auf dem Dachboden hing, wurde noch einmal der Kessel angeheizt, und wir durften uns in den Waschtrog setzen. Das war wirklich ein Vergnügen. Es gab zwar die ›Tröpferlbäder‹ in Favoriten, doch Mutter ging nicht mit uns hin; wir hätten uns ja dort einen Fußpilz holen können.«

Auf einer bis dahin unverbauten Fläche in der Nähe von Schrebergartensiedlungen wurde die Wohnhausanlage zwischen Neilreichgasse, Raxstraße, Rudolfshügelgasse und Migerkastraße freistehend errichtet. Benannt ist dieser Gemeindebau nach dem französischen sozialistischen Politiker und Pazifisten *Jean Jaurès,* der kurz vor Ausbruch des Ersten Weltkrieges ermordet wurde. In dem Bau befinden sich 433 Wohnungen.

Die vierseitige Blockverbauung ist in der Mitte durch einen Quertrakt geteilt und erstreckt sich um zwei gleich große Innenhöfe, von denen aus die Stiegenhäuser erreichbar sind. Ganz im Sinne der guten Infrastruktur für die Bewohner gab es in dem Hof Kindergarten und Hort, zwei Geschäftslokale, ein Gasthaus und eine zentrale Waschküche.

Die fünf großzügig angelegten Höfe des *George-Washington-Hofes* heißen nach ihrer ursprünglichen Bepflanzung. *Birkenhof, Fliederhof, Ahornhof, Ulmenhof* und *Akazienhof.* Wie im Karl-Marx-Hof wurden auch hier durch gemeinschaftliche Waschküchen, Kinder-

Siedlung am Wasserturm 1923/24

gärten und Bibliothek der Bevölkerung neue Wohnqualitäten eröffnet. Beim Ahornhof erinnert eine Gedenktafel daran, dass sich hier am 12. Februar 1934 die Kommandostelle des republikanischen Schutzbundes befand.

Auf der Raxstraße 31–111, beim Wasserturm, wurden von der GESIBA 1923/24 188 Einfamilienhäuser mit acht verschiedenen Reihenhaustypen errichtet, in charakteristischem Siedlungsverband mit Wohnstraßen und kleinen Plätzen. Die Häuser hatten zwischen 37 und 64 Quadratmeter verbaute Fläche und 150 Quadratmeter Garten. Da sie aber nach ihrer Fertigstellung auf dem Kapitalmarkt verkauft wurden, bauten die Besitzer individuell um, sodass der ursprüngliche Ensemblecharakter der Anlage langsam verschwand.

Die *Laaer-Berg-Siedlung-Süd-Ost* auf der Laaer-Berg-Straße 151–203 entstand 1921 als gemeinnützige Genossenschaftssiedlung. Entworfen hat diese Gartenstadt *Franz Schacherl*, berühmt für seine *Proletarische Architektur*. Zusammen mit *Adolf Loos*, *Franz Schuster* und *Margarete Schütte-Lihotzky* arbeitete er für das Wiener Siedlungsamt. Die kleinen zweigeschoßigen Häuser stehen blockartig aneinandergereiht in einer Zeile mit kleinen Vorgärten davor. Hinter dem Gebäude haben alle Häuser einen eigenen Garten.

1928 bis 1931 wurde auf der Laxenburger Straße 49–57 der *GOEC-Gemeindebau* erbaut. Dort war das erste Warenhaus der *Großeinkaufsgesellschaft der österreichischen Consumvereine* untergebracht. Außer den Gemeinschaftseinrichtungen gab es einen Kinosaal, der

Pölzer-Hof gegenüber dem Waldmüllerpark 1926/27

auch für Vorträge genutzt wurde. 1949 wurde die Anlage als Dank für die umfangreiche Hilfe nach dem Zweiten Weltkrieg nach der Stadt Zürich benannt.

Gegenüber dem Waldmüllerpark wurde 1926/27 der Gemeindebau in der Neilreichgasse 1/Dampfgasse 35–37/Hasengasse errichtet und nach dem beliebten Bezirksobmann *Johann Pölzer* benannt. Der Bau umfasst 103 Wohnungen rund um einen kleinen Innenhof. Der niedrige Gebäudeteil in der Mitte auf der Seite zur Hasengasse wurde als Arbeiterbibliothek eingerichtet, daneben das Waldmüller-Kino (heute *Waldmüllerzentrum* und *Städtische Bücherei*).

Ab den 1920er Jahren entstand auf der Raxstraße entlang der Neilreichgasse, Sahulkastraße, August-Forel-Gasse die sogenannte *Rasenstadt*, eine Mischung aus Blockbauweise und Gartenstadt. 24 freistehende, fast gleiche Wohnhäuser mit großzügigen Grünanlagen, durch die nur zwei Straßen führen: die Ernst-Ludwig-Gasse und die Fritz-Pregl-Gasse. Benannt wurde die Rasenstadt nach dem von den Faschisten ermordeten Widerstandskämpfer *Johann Mithlinger* (1898–1944).

Johann-Mithlinger-Siedlung »Rasenstadt« 1929–1931

↑ *Jean-Jaurès-Hof 1925–1926, Neilreichgasse 105*

↓ *George-Washington-Hof 1927–1930, Triester Straße 52/ Wienerbergstraße*

Pernerstorferhof 1924–1926, Troststraße 68–70

GOEC-Gemeindebau

Quarinhof 1924, Quaringasse 16

Laaer-Berg-Siedlung-SO 1921

Viktor-Adler-Hof 1923, Triester Straße 57–65/ Troststraße/ Quaringasse

Duschbadeanstalt Erlachplatz 1887 (79 Warm- und 12 Kaltwasser-duschen, der Wasserdruck ließ oft nach.)

Das Ende der Demokratie – Dollfuß wird Bundeskanzler

Während die Sozialdemokratie durch den kommunalen Wohnbau weltweit großes Ansehen erlangte, arbeiteten die reaktionären bürgerlichen Kräfte bereits daran, die sozialen Errungenschaften wieder abzubauen. In konservativen Zeitungen prangerten sie den *Steuervampir* Breitner an und seine *einsturzgefährdeten Gemeindebauten*. Nach jahrelangen Verleumdungen und Hetzkampagnen blieb Finanzstadtrat Breitner nur der Rücktritt. Sein Nachfolger Robert Danneberg setzte zwar den Kampf für leistbares Wohnen mit gleichem Engagement fort, aber auch er konnte die drohende Zerschlagung der Demokratie und den Weg in die Diktatur nicht verhindern.

Am *14. Juli 1927* erschossen drei Angehörige der rechten *Frontkämpfer* in Schattendorf einen Kriegsinvaliden und ein Kind. Als die Täter freigesprochen wurden, verbreitete sich die Nachricht von dem *Schandurteil* wie ein Lauffeuer in der Stadt. In den Arbeiterbezirken kam es zu Demonstrationen.

Tante Hilda erinnerte sich:

»Ich hab damals beim Hutter und Schrantz als Weberin gearbeitet. Am Vormittag des 15. Juli ist der Betriebsrat in unsere Abteilung gestürzt und hat geschrien: ›Habts ihr schon g'hört, die Schattendorfer Mörder sind freigesprochen word'n. Das dürf ma uns net gefallen lassen. Legts die Arbeit nieder, wir gehen demonstrieren!‹ Gleich drauf war'n wir auf der Straßen, und in der Quellenstraße san uns schon die Simmeriger Arbeiter entgegen'kommen. Wir wollten eigentlich gemeinsam zum Parlament marschieren, aber da hab'n uns Demonstranten zugerufen, dass der Justizpalast brennt. Also sind wir zum Schmerling Platz gerannt. Dort sind aus dem Justizpalast schon die Flammen rausgeschlagen. Keiner von uns war bewaffnet, aber wie die Polizei mit Knüppeln und Säbeln auf uns los'gangen ist, hab'n wir halt Steine auf sie geworfen. Für die Spritzwägen der Feuerwehr habn wir Platz gemacht, aber Hunderte Polizisten hab'n mit Gewehre' wild in die Menge geschossen. Wir sind davongerannt, aber die hab'n uns verfolgt. Es war die reinste Hasenjagd.«

Auch die Favoritner Arbeiter merkten bald, dass der 15. Juli mit seinen 89 Toten und Hunderten Verletzten die Wende war zwischen Demokratie und Faschismus. An diesem *Blutigen Freitag* ging mehr in Trümmer als der Justizpalast. Die Arbeiterklasse verlor den Glauben an die Allmacht der sozialdemokratischen Organisationen und damit ihren Kampfeswillen.

Als Dollfuß 1932 Bundeskanzler wurde und den Heimwehrführer Emil Fey zum Verantwortlichen für die Staatssicherheit machte, kam es zur Zerschlagung der Demokratie und zur Errichtung des *Ständestaates*. Die Jahre zwischen 1934 und 1938 werden allgemein als *Systemzeit* bezeichnet. Vielleicht, um festzuhalten, dass zwischen dem Austrofaschismus und dem deutschen Faschismus ein gewisser Unterschied bestand. Kommunisten, revolutionäre Sozialisten und Schutzbündler wurden verfolgt und kamen in ein Anhaltelager. Nur Vernichtungslager und Gaskammern gab es nicht.

Meine Mutter erinnerte sich an jene Zeit:

»Da war die große schwarze Fahne, die so oft – nach jedem Todesfall im Gemeindebau – über dem Haustor hing. Herr Sapper und Herr Willomitzer von der Dreierstiege hatten Selbstmord begangen, als sie ausgesteuert wurden. Herr Helmreich von der Einserstiege war plötzlich im Anhaltelager Wöllersdorf. Dass es sich dabei um ein Gefängnis für politische Häftlinge handelte, wusste ich damals noch nicht. Meine Freundin Anni war eines von acht Kindern, und der Vater war bereits ›ausgesteuert‹, er bekam keine Arbeitslosenunterstützung mehr. Einmal mussten wir in der Schule einen Aufsatz mit dem Thema ›Mein größter Wunsch‹ schreiben. Anni schrieb nur einen einzigen Satz: ›Ich möchte einmal so viele Schnitzeln essen, bis ich nicht mehr kann.‹ Die Gattin von Bundeskanzler Dollfuß hatte ›ein Herz für die Armen‹. Sie gab über das Radio ein Rezept für eine Suppe bekannt, die man aus Schalen von Erdäpfeln und Zwiebeln zubereiten könne. Außerdem rief sie zu einer Aktion für arme Kinder auf. Da setzte ich mich dann – den Rat der Frau Dollfuß befolgend – mit Anni auf die Straße, und wir riefen den Passanten zu: ›Nehmt hungrige Kinder zum Mittagstisch!‹ Doch mitgenommen hat uns niemand.«

Am *10. März 1933* tagten im Favoritner Arbeiterheim die Vertrauensmänner der Wiener Sozialdemokratie. Das Hauptreferat hielt *Otto Bauer*, der vor dem Faschismus in Österreich warnte. Doch der schmerzhafte Weg von der ersten Republik in den Untergang hatte schon begonnen. Sämtliche Errungenschaften der Sozialdemokratie wurden in Kürze gestrichen.

— Die Breitnersteuer wurde ersatzlos gestrichen, das Wohnbauprogramm des Roten Wien eingestellt.
— Die Glöckel-Schulreform wurde zur Gänze rückgängig gemacht. Die katholische Kirche erhielt bedeutende Privilegien und Einfluss auf das Erziehungs-, Ehe- und Bildungswesen.
— Die Sozialdemokratische und Kommunistische Partei wurden verboten, genauso wie alle ihre kulturellen, sozialen und wirtschaftlichen Nebenorganisationen.
— Es gab keine Versammlungsfreiheit mehr und keine Pressefreiheit.
— Und natürlich galt absolutes Streikverbot, da auch Gewerkschaften verboten wurden.
— Auch der Schutzbund und der Maiaufmarsch wurden verboten.

Meine Mutter erzählte:

»Der letzte Maiaufmarsch von 1932, an dem ich als Neunjährige teilgenommen hatte, ist mir noch gut in Erinnerung; die ungeheure Menschenmenge, die über den Ring marschierte, die vielen roten Fahnen, die im Zug mitgetragen wurden. Unser Gemeindebau war ein durch und durch *Roter Bau*. Am 1. Mai waren immer ausnahmslos alle Fenster mit roten Fahnen und mit drei Pfeilen geschmückt, auch unsere. Ich hab beim Marschieren auch die Arbeiterlieder mitgesungen, der tausendstimmige Gesang ist mir noch im Ohr. ›Wir sind jung, die Welt ist offen, oh du schöne weite Welt. Aufwärts blicken, vorwärts drängen, wir sind jung, die Welt ist schön.‹ Ich habe auch ›Hoch Seitz!‹ mitgerufen, obwohl ich nicht wusste, dass dieser Gruß dem roten Bürgermeister galt, der auf der Tribüne stand.
Ein Jahr später, 1933, war der Maiaufmarsch schon verboten, die Arbeiter übergingen das Verbot durch einen *Maispaziergang* ohne Fahnen und ohne Transparente. Da durfte ich nicht mehr mit, das war zu gefährlich, am Ring warteten bereits Maschinengewehrstellungen und Drahtverhaue …

Ich war früher bei den Kinderfreunden, und zwar in einer *Bobby-Bär-Gruppe*. Ich freute mich immer auf die lustigen Geschichten von Bobby im *Kleinen Blatt*. Als ich mit zehn Jahren bei den *Roten Falken* aufgenommen wurde, bekam ich im Zeltlager auf dem Laaer Berg das Halstuch überreicht, das ich aber nur kurz tragen durfte. Denn plötzlich war Schluss mit den *Roten Falken* und den Veranstaltungen im Favoritner Arbeiterheim, auch kein Faschingsball mehr, alles verboten. Im großen Gasthaus in der Troststraße 62 wurde früher immer der große Saal an die Kinderfreunde vermietet, die uns leihweise Kostüme zur Verfügung stellten. Wir tanzten dann zu den Klängen einer Straßenbahnkapelle, erhielten ein Kracherl, eine Wurstsemmel und eine Schaumrolle – alles gratis …
Ich ging damals in den ersten Klassenzug der Hauptschule Herzgasse 27. Das Klassenzimmer sah aus wie in der Volksschule, nur dass jetzt ein Kruzifix an der Wand hing. Eine Maßnahme der neuen Regierung hat mich sehr getroffen: Die Lehrmittel wurden nicht mehr gratis an alle Kinder ausgegeben. Stattdessen wurden wir aus der sogenannten *Schülerlade* versorgt. Ich erhielt also die Bücher nur mehr leihweise und musste sie am Ende des Schuljahres wieder abgeben. Auch Hefte, Zeichenblätter, Bleistifte und Federn, die wir in Glöckel-Zeiten gratis erhalten hatten, mussten wir nun selber kaufen. Die Einführung des Pflichtgottesdienstes und des obligatorischen Religionsunterrichts war der einschneidendste Schritt zur Außerkraftsetzung der Glöckel'schen Schulreform. Meine Mutter fand das zwar empörend, aber auch sie musste sich den neuen Schulgesetzen beugen.«

Bürgerkrieg im Februar 1934

Im Februar 1934 versuchten die Arbeiter um ihre demokratischen Rechte zu kämpfen. In den Arbeiterbezirken waren die sozialdemokratischen *Schutzbündler* bereit, sich durch einen Generalstreik gegen die Diktatur von Dollfuß und seiner militanten *Heimwehr* aufzulehnen. Die *Rasenstadt* war eines der Zentren des antifaschistischen Widerstands. Im Laufe des 12. Februar besetzten die Schutzbündler die großen Gemeindebauten Quellenstraße 24a und b, die Ankerbrotfabrik, den Jaurès-Hof und den Pernerstorferhof. Die sozialdemokratische Kampfleitung befand sich im Ahornhof des George-Washington-Hofes.

Fini Kaindl, eine Freundin der Tanten, erzählte:

»Im Februar 34 haben wir verzweifelt auf die Ausrufung des Generalstreiks gewartet. Leider vergeblich. Ich erinnere mich, wie wütend die Schutzbündler waren, weil sie keine Befehle erhielten. Wir haben die Waffen aus dem Arbeiterheim weggetragen. Die Handgranaten hab ich in einer Milchkanne in den Waldmüllerpark getragen. Verschiedene Pläne und wichtige Schriften hab ich in meinem Kohlenkeller versteckt.«

Josef Spanner, der Schutzbundkommandant im Quellenhof, berichtete:

»Ich hab mit etwa 500 Schutzbündlern die dreimaligen Angriffe der Polizei und der Heimwehr auf den Quellenhof abwehren können. Die Frauen und Mädchen brachten uns Waffen und Munition aus den Verstecken. Doch dann kam von der Kampfstellung Süd der Befehl, die Waffen wieder zu verstecken und weitere Befehle abzuwarten. Doch es kamen keine Befehle mehr, und der Großteil meiner Kampfgenossen wurde durch das Versagen des Parteivorstandes entmutigt. Als dann am 13. Februar auf der Wiese gegenüber ein Panzerzug des Bundesheeres auffuhr, gaben wir den Quellenhof auf.«

Meine Mutter erzählte:

»An den 12. Februar 1934 kann ich mich auch erinnern, vor allem an den Demonstrationszug auf der Laxenburger Straße, in den ich unvorsichtigerweise hineingeriet und der von berittener Polizei aufgelöst wurde. Und schreckliche Angst hatte ich, als der Pernerstorferhof neben unserem Gemeindebau in der Troststraße von der Heimwehr beschossen wurde, wo doch Onkel Otto, der Bruder meines verstorbenen Vaters, ein Schutzbündler war, um den ich mich sorgte. Später erfuhr ich, dass er Glück gehabt hatte. In einer unbeheizten Hütte in der Lobau konnte er sich tagelang verstecken und der Verhaftung entgehen.«

Der erwartete Generalstreik, der das Signal zum landesweiten Aufstand der Arbeiterbewegung hätte sein sollen, blieb aus. Das Bundesheer, die Polizei und die paramilitärische Organisation der offen faschistischen Heimwehren kämpften mit voller Härte gegen die vereinzelten Erhebungen, und das Heer beschoss sogar die Gemeindebauten mit Artillerie. Bis 15. Februar war der Aufstand niedergeschlagen, mehr als 300 Personen waren tot. Neun Schutzbündler wurden nach standrechtlichen Urteilen hingerichtet, Hunderte Sozialdemokraten inhaftiert.

Unter den zahlreichen Verhafteten war *Otto Probst*, der damalige Bezirksobmann der sozialistischen Jugend, und *Karl Fürstenhofer*, der den Revolutionären Sozialisten angehörte. Beide Favoritner wurden später 1936 in dem berühmten Sozialistenprozess angeklagt. Während dieses Prozesses wurde *Rosa Jochmann*, die als Revolutionäre Sozialistin vielfältige Beziehung zu Favoriten hatte, im Gerichtssaal verhaftet, weil sie gegen das brutale Vorgehen der Polizei protestiert hatte.

Aus der illegalen *Arbeiter-Zeitung* erfuhren die Genossen, wo sich dennoch Widerstand regte.

— »… am 7. Juli 1934 fand am Arthaberplatz in Favoriten eine Kundgebung statt … als die Polizei gegen die Teilnehmer einschritt, setzten sich die Demonstranten zur Wehr …«

— »… am Vorabend des 15. Juli 1934 sammelten sich in beinahe allen Bezirken Wiens Demonstranten, die die Befreiung unserer Genossen forderten. Besonderes Aufsehen erregten die Kundgebungen auf dem Viktor-Adler-Platz in Favoriten, wo mehrere tausend Leute zusammenströmten und auch eine rote Fahne aufgezogen wurde …«

— »… am 12. November 34 wurden in Favoriten große Drei-Pfeile-Zeichen angebracht. In der Siedlung Laaer-Berg wurde ein großes rotes Transparent über eine Lichtleitung geworfen …«

Ab dem Februar 1934 befand sich die demokratische Linke in der Illegalität. Die Verfolgungsmaßnahmen reichten vom Verlust des Arbeitsplatzes über Inhaftierung oder Vertreibung bis zur physischen Vernichtung. Die Gewaltmaßnahmen bekamen Verfolgte aller Bevölkerungsschichten in Favoriten zu spüren. Arbeiter, Beamte, Künstler, Wissenschaftler, Selbstständige, Frauen und Männer ebenso wie Schüler und Studenten. In Favoriten gab es in diesen Jahren eine lebhafte Aktivität der Radikalen Sozialisten und der KPÖ. Sie trafen sich heimlich in den Arbeiterwohnungen, immer in Sorge, entdeckt und verhaftet zu werden. Auch in privaten Kreisen entstanden einige Geheimzellen. Eine Geheimzelle war die Wohnung meiner beiden Großtanten in der Buchengasse 100. Dort versteckten sie illegales Material, sammelten für die *Rote Hilfe* und organisierten Schulungen.

Wie sehr die Menschen daran interessiert waren, sich politisch zu bilden, schilderte der Kulturhistoriker *Albert Fuchs*, der 1934 in Favoriten als Schulungsreferent tätig war und Vorträge über den Sozialismus hielt. Auch in der Wohnung meiner Großtanten versammelten sich interessierte Männer und Frauen, um ihm zuzuhören. Meine Tanten, die Mitleid mit dem schüchternen jungen Burschen hatten, gaben ihm vorher noch einen Teller Erdäpfelgulasch und eine *Pitschen* Kaffee zur Stärkung.

Als Albert Fuchs 1946 aus seiner Emigration zurückkam, besuchte er die beiden in der Buchengasse, um sich bei ihnen persönlich für ihre Gastfreundschaft zu bedanken, und schenkte ihnen dabei ein Exemplar seines Erinnerungsbandes *Ein Sohn aus gutem Haus*.

Ein Ausschnitt aus diesem Zeitdokument:

»... Mein erster Eindruck von diesem Arbeiterbezirk: Ein weiter Marktplatz, Gedränge, Geschrei, die Straßenbahn fährt klappernd vorüber. In der Nähe des Marktes ›bessere‹ Geschäfte mit vollgestopften Auslagen; ›bessere‹ Wirtshäuser mit Schanigärten; Kinos mit grellen Plakaten. In der weiteren Umgebung: proletarische Wohnstraßen, gerade, langgezogen, rauchgeschwärzt.
Zwischendurch Fabrikgebäude, das riesige Amalienbad, zwei oder drei Kirchen. Da und dort aufleuchtend mächtige, helle Blocks: Gemeindehäuser. Da und dort Parks der Art, die man in Wien ›Beserlpark‹ nennt, da ihren Bäumen die Üppigkeit aufgepflanzter Besen eigen ist.

Das ungefähr ist das Bild von Favoriten, das ich im Gedächtnis habe. Aus jedem Fenster, hinter jeder Straßenecke lugt Armut hervor. Ich weiß nicht, wie viele von den 150 000 Einwohnern des Bezirkes arbeitslos waren. Aber es muss ein hoher Prozentsatz gewesen sein. Zahlreiche Fabriken standen still, andere liefen mit verringerter Belegschaft.

Die ärmste Gegend war die sogenannte ›Kreta‹, die sich gegen Simmering hin erstreckt, genauer, die ›hintere Kreta‹. Dort waren die Arbeitslosen noch die Aristokraten. Die Masse der Bewohner rekrutierte sich aus ›Ausgesteuerten‹, das heißt aus Leuten, die infolge überlanger Arbeitslosigkeit keine Unterstützung mehr erhielten …

Selbstverständlich war mir am Anfang das proletarische Milieu sehr fremd. So scheußliche Häuser, wie ich sie nun fortwährend aufsuchte – Zinskasernen mit Bassena und Klosett am Gang –, hatte ich vordem nur vom Hörensagen gekannt. Nie war ich mit Menschen an einem Tisch gesessen, die aus dem Reindl aßen und das Messer in den Mund steckten. Manche Genossen waren in ihrer Ausdrucksweise von einer Derbheit, die mich überraschte. Es dauerte einige Zeit, bis ich mich an all das gewöhnte.

Bedeutend schneller gewöhnten sich die Arbeiter an mich. Mein bürgerlich-intellektuelles Wesen hinderte, soweit es auf sie ankam, den Kontakt überhaupt nicht. Ich wurde überall mit größter Freundlichkeit aufgenommen. Vielleicht kam mir in Favoriten der Umstand zu Hilfe, dass ich als Intellektueller Seltenheitswert hatte. Ich war der einzige unter vielen hundert proletarischen Genossen. Möglich auch, dass mir eine Eigenschaft, die mir sonst oft und gründlich schadete, meine Schüchternheit, von Nutzen war.

Eine kleine Geschichte fällt mir ein. Ich ging mit einem Genossen über die Laxenburger Straße, als wir uns mit einem Mal verfolgt glaubten. Es stellte sich später heraus, dass bloß durch Zufall ein harmloser Mann eine Zeitlang hinter uns hergegangen war, aber das konnten wir nicht wissen. Wir bogen um eine Straßenecke, und um noch eine; der Verfolger wich nicht von unseren Fersen. Ich überlegte hastig, was ich mit meinem illegalen Material tun könnte, das ich in der Tasche trug – es war zufällig nicht wenig. Aber da sagte mein Begleiter in breitestem Favoritnerisch: ›Waun si der net boid schleicht, drah i mi um, und frog eam, ob er pervers is!‹

Die tapferste und herzlichste Menschengemeinschaft dieser Zeit nahm mich auf und machte einen anderen Menschen aus mir, oder vielleicht überhaupt erst einen Menschen. Der Arbeiterbewegung verdanke ich, was ich bin, so wenig es ist, an Knabenträumen gemessen. Ich verdanke ihr einen Lebensabschnitt, in dem ich manches entbehren musste, was ich in der Jugend besaß, aber Unschätzbares besaß, das ich früher entbehrte. Der Arbeiterbewegung gehören die Jahre, die vor mir liegen. Ich möchte nicht sterben, ehe ich ihr in Wort und Tat und nach besten Kräften zurückerstattet habe, was ich ihr schulde.«

Besetzung Österreichs – Zweiter Weltkrieg – Zwangsarbeit – Widerstand

Als 1938 auf Befehl Hitlers die inhaftierten Nazis amnestiert wurden, sah man dann in Favoriten viele Hakenkreuze, Burschen und Mädchen in weißen Stutzen und sogar Männer in SA-Uniformen. Aber auch die Sozialisten und Kommunisten trugen wieder öffentlich ihre Abzeichen: drei Pfeile hier und Sichel und Hammer dort. Es gab Demonstrationen der Hakenkreuzler, aber auch Demonstrationen der Antifaschisten, die appellierten, bei der Volksabstimmung für die Unabhängigkeit Österreichs zu stimmen. Aber dazu kam es gar nicht. Am 11. März 1938 wurden im Favoritner Arbeiterheim noch den ganzen Tag Arbeiterlieder gesungen, aber am Abend verkündete Schuschnigg durch das Radio, dass er *der Gewalt weiche*. Die Skala der *todeswürdigen Verbrechen* war danach weit gestreut. Schon wegen des Anhörens ausländischer Rundfunksendungen oder des Besitzes eines Flugblattes wurde das Todesurteil vollstreckt. Auch in Favoritens Gasthäusern musste man sich in Acht nehmen.

Hier einige Berichte des Sicherheitsdienstes:

»… im *Gasthaus PRASCHL*, Wien 10, Quellenstraße 39, wurde die Feststellung gemacht, dass die Besucher bei Rundfunkübertragungen der Reden des Führers oder des Gauleiters beim Schluss absichtlich sehr laut sind, um die Reichshymne und das Lied der Bewegung nicht anhören zu müssen … der Wirt ruft dem Ortsgruppenleiter beim Betreten des Lokales immer sehr laut den Deutschen Gruß entgegen, sicher, um die Gäste darauf aufmerksam zu machen, dass die Luft nicht rein sei … das Lokal wird weiterhin beobachtet werden müssen …«

»Jeden Sonntag treffen sich im *Gasthaus FÖRSTER* in Wien 10, Johannitergasse 1 (heute »der Ringsmuth«), Personen, von welchen die marxistische Einstellung bekannt ist. Dabei konnten NS-feindliche Äußerungen festgestellt werden … eine staatspolizeiliche Überwachung wird empfohlen.«

»*Ecke Keplerplatz-Columbusgasse* werden Sammlungen für die Rote Hilfe durchgeführt.«

»Bei der Auszahlung der Löhne in einem Betrieb quittierten die Arbeiter den erstmaligen Abzug der Lohnsteuer mit dem Sprechchor: ›Wir danken unserm Führer!‹«

»Die Inhaberin des *Gasthauses Josef Engelhardt* (Ecke Landgutgasse-Scheugasse) hat sich geweigert, den deutschen Gruß auszusprechen, und erklärt, sich lieber die Zunge abzubeißen, als ›Heil Hitler‹ zu sagen. Ihr Mann erklärte, bevor er zu dem heutigen Militär einrücke, lasse er sich lieber an die Wand stellen …«

»… die Arbeiterschaft in der *Ankerbrot-Fabrik* war ursprünglich radikal kommunistisch, ein Teil davon ist nach dem Umbruch nationalsozialistisch geworden, oder hat nur so getan, und nun tragen die Leute ihre wahre Einstellung immer mehr zur Schau …«

Im Zuge der antisemitischen Ausschreitungen wurde am 9. November 1938 *der jüdische Tempel am Humboldtplatz* zerstört. Der Bericht der Feuerschutzpolizei lautete hier nur lapidar: »Tempel gesprengt, Häuser der Umgebung untersucht, nicht beschädigt …«

Alle jüdischen Geschäfte wurden von Schlägertrupps der Nazis brutal arisiert. Die Plünderung des Geschäftes *Adi-Hüte* am Quellenplatz musste meine Mutter auf dem Schulweg mitansehen.

Fini Kaindl erzählte:

»Nach der Besetzung unseres Landes wollte man mich gleich nach Deutschland zur Arbeit schicken. Aber weil ich allein mit dem Kind war, durfte ich in Wien bleiben und kam dann 1939 zur Straßenbahn. Und dort am Bahnhof Favoriten gab es eine starke Widerstandsgruppe. Wir hatten alle Decknamen, wir Frauen hatten Blumennamen, ich war das Veilchen. Geführt wurde die Gruppe zwar von einem Kommunisten, aber im Allgemeinen hat man nicht danach gefragt, was einer früher war. Unser Obermeister zum Beispiel war ein Schwarzer, aber ein Antifaschist. Er hat uns oft gewarnt, wenn wir beobachtet worden sind. Trotzdem sind sechs aus unserer Gruppe aufgeflogen, die meisten durch Verrat. Wenn wir eine Pause hatten und im Radio wurde gerade eine Sondermeldung oder eine Hitler- oder Göbbelsrede gesendet, dann mussten wir im Expedit bleiben und uns das anhören. Da hat der Betriebsrat einen unserer Genossen angezeigt, weil der während der Sendung das Expedit verlassen hat. Deshalb musste der arme Kerl sterben.«

Käthe Sasso, geb. 1926, erzählte, was sich in ihrer Klasse in der Herzgasse ab 1938 änderte. Ihre Lehrerin, die sie sehr mochte, trug früher immer auf ihrem Arbeitsmantel die rot-weiß-rote Kokarde der christlich-sozialen Partei. Ab dem 12. März 1938 steckte an ihrem Arbeitsmantel nicht mehr die rot-weiß-rote Kokarde, sondern ein großes golden umrahmtes Hakenkreuz.

»Bittschön, Frau Klassenvorstand, was ist das für ein Abzeichen?«, fragte Käthe neugierig. Und die Lehrerin antwortete: »Das ist das neue nationalsozialistische Abzeichen. Ich bin Blutordensträgerin.« »Blutordensträgerin?« »Naja, ich war schon illegal bei den Nationalsozialisten. Und dafür ist das sozusagen der Orden.« Käthe merkte auch, dass Kinder in der Klasse fehlten, und meldete sich wieder zu Wort: »Bittschön, wo ist die Fleißig Litzi, wo ist die Spielberg Inge, wo ist die Fischer Erika?« Da schnauzte sie die Lehrerin an: »Jüdische Kinder haben in unserer Klasse keinen Platz!«

Als Zeitzeugin in Favoritner Schulen erzählte Käthe Sasso später den Kindern: »Damals habe ich mit meinen zwölf Jahren begriffen, dass es stimmt, was meine Eltern und die Menschen in der Umgebung meiner Eltern gesagt haben, nämlich, dass Hitler wirklich schlimm ist. Die haben damals schon gesagt, dass er *Krieg* bedeutet.«

Dieser Krieg führte nicht nur alle wehrpflichtigen Männer an die Front. Er führte auch zu einem Arbeitskräftemangel. Damit die Produktion in den größtenteils arisierten Fabriken und Betrieben trotzdem problemlos weitergehen konnte, holte sich das NS-Regime Kriegsgefangene aus den besetzten Gebieten. Aber auch österreichische Juden, Regimegegner und Wehrmachtsdeserteure wurden zur Zwangsarbeit verpflichtet. Industrie, Handwerksbetriebe und sogar private Haushalte profitierten von diesen billigen Arbeitskräften. Unter anderem die arisierte Papierfabrik »Roja« (ehemals Reiss), die Steyr-Daimler-Puch-Werke und die Ankerbrotfabrik. Untergebracht wurden die Zwangsarbeiter, Männer und Frauen, in Lagern, Baracken und Kellerräumen von Schulen. Im Schulgebäude der Schrankenberggasse befand sich so ein Lager. Ungarisch-jüdische Deportierte und Zwangsarbeiter hausten unter unwürdigen Bedingungen auf engstem Raum zusammengepfercht. Obwohl gegenüber der Schule das Preyer'sche Spital lag, bekamen die Insassen nicht einmal bei schwersten Erkrankungen medizinische Hilfe.

Widerstandszellen in den Fabriken

Der aktive Widerstand in den Fabriken endete oft in Verhaftungswellen, die zur Ermordung von Betriebsangehörigen führten. Bei *Brown-Boveri* befand sich eine kommunistische Betriebsstelle, auch hier wurden Widerstandskämpfer vom nationalsozialistischen Regime ermordet. Einer von ihnen war *Johann Mithlinger*, nachdem die Rasenstadt benannt ist.

In der Widerstandszelle der *Straßenbahnremise* arbeiteten meine Großtanten und ihre Freundin Fini Kaindl aktiv mit. Sie organisierten Spionageakte und hielten Kontakt zum verbotenen Ausland. 1941 wurden sieben Mitglieder der Remise von den Nationalsozialisten ermordet, weil sie Geld für die Familien der Inhaftierten gesammelt hatten. Trotz aller Bemühungen um Rechtsbeistand konnten die Tanten auch die Hinrichtung ihres Cousins, *Johann Sokopp*, nicht verhindern. Er wurde 1944 im Landesgericht enthauptet.

Meine Mutter, die in einer kriegswichtigen Firma der Spionage überführt wurde, floh vor einem Einberufungsbefehl der Wehrmacht zur jugoslawischen Befreiungsarmee nach Slowenien. Dort konnte sie als Funkerin mithelfen, den Naziterror zu bekämpfen.

Gedenktafel der Widerstandskämpfer, Hasengasse

Mein Vater, den sie damals noch nicht kannte, lief 1944 von der Wehrmacht zu den Amerikanern über. Im *Camp Clarinda* in Iowa galt er als Kriegsgefangener, bei der Wehrmacht als *Deserteur*.

Fini Kaindl, die in Favoriten geblieben war, erzählte später meiner Mutter:

»... Man hat verlangt, dass mein Sohn, der noch in die Schule ging, zur Hitlerjugend geht. Das hab ich ihm nicht erlaubt, da ist er eines Tages um sechs Uhr früh von einem Wachmann abgeholt worden. Am nächsten Tag hab ich mich auf der Polizeistation in der Götzgasse beschwert: ›Habts ihr im Krieg nichts Wichtigeres zu tun, als halbe Kinder einzusperren?‹ Da hat man mir gesagt, ich soll froh über die Strafe sein, weil wenn er älter wäre, müsste man ihn erschießen. Zur Strafe sollte er jeden Sonntag am Rosenhügel Unkraut jäten gehen. Na, das hab ich nicht zugelassen. Ich hab seinen Fuß mit Salzsäure und

Zucker eingerieben. Davon hat er eine so tiefe Wunde bekommen, dass nicht einmal der Arzt hat feststellen können, woher das kommt. Auf diese Weise konnte ich ihn dann endgültig von der Hitlerjugend befreien.
Bei der Straßenbahn bin ich einmal in die Kanzlei gerufen worden und hab dort mit ›Grüß Gott‹ gegrüßt. Da haben sie mich angeschrien: ›Grüß Gott sagen die Juden! Schaun Sie, was dort auf dem Schild an der Wand steht! Trittst du als Deutscher hier herein, so soll dein Gruß *Heil Hitler* sein.‹ Da hab ich gesagt: ›Na gut, ich merk mir's‹, und bin grußlos gegangen.
Knapp vor Kriegsschluss fuhr ich einmal mit der Linie 6. Auf meinem Wagen war eine Gruppe junger Waffen-SS-Männer, die hatten auf der Uniform einen Roten Stern mit Sichel und Hammer stecken. ›Was habt's ihr denn da‹, frag ich. ›Das sind Beutestücke‹, sagen die. ›Von den Mützen der toten Sowjetsoldaten.‹ ›Sowas hätt ich auch gern‹, sag ich. Da antwortet der eine: ›Die werdets ihr noch oft genug sehen, wenn die Russen nach Wien kommen.‹ ›Die Russen kommen zu uns?‹, stell ich mich naiv. Und da antwortet er: ›Die werden kommen. Aber hoffentlich machen die dann nicht mit euch, was wir mit ihnen gemacht haben.‹«

Die Zweite Republik – Nachkriegszeit

Am 8. Mai 1945 endete der Zweite Weltkrieg, der 60 Millionen Tote gefordert hat. Gefallen an der Front, ermordet in Konzentrationslagern, verschüttet im Bombenhagel, hingerichtet als Verräter und Deserteure, gestorben auf der Flucht vor den Nazis.

15 000 Wohnungen in Favoriten, also fast ein Drittel, waren nach dem Krieg unbenützbar, weil schwer beschädigt oder total zerstört. Das Franz-Josef-Spital war zu zwei Drittel, das Preyer'sche zur Hälfte zerstört. Kindergärten, Mutterberatungsstellen waren größtenteils zerstört. Acht Schulen zerbombt oder ausgebrannt. Auch das Amalienbad und die Freibäder waren schwer beschädigt.

Meine Eltern, die beide in Favoriten aufgewachsen sind, lernten sich erst nach dem Krieg in der Jugendgruppe *Freie Österreichische Jugend* kennen, die 1945 gegründet worden war. Der FÖJ gehörten damals Kommunisten, Sozialisten und Katholiken an. Ihr Ziel war es, über weltanschauliche Grenzen hinweg ein freies, demokratisches Österreich aufzubauen.

Von den vier Alliierten, die uns befreit haben, wurde die Sowjetunion zehn Jahre lang Favoritens Ordnungsmacht. Die Laxenburger Straße hieß in diesen Jahren Tolbuchinstraße, nach dem sowjetischen Marschall Fjodor Iwanowitsch Tolbuchin.

Ich bin ein Kind der Nachkriegszeit und wahrscheinlich auch sowjetischen Soldaten begegnet, wenn mich meine Mutter im Kinderwagen durch Favoritens Straßen schob. Ich habe keine Bombenabwürfe erlebt, aber ich erinnere mich an die Spuren, die sie an Favoritens Häusern hinterließen. Abbröckelnde Fassaden und Löcher in den Mauern. Die Straßen waren mit verschieden hohen Pflastersteinen notdürftig repariert, trotzdem stolperte niemand. Nicht einmal die vielen Kriegsinvaliden, die ihr fehlendes Bein mit einer Krücke ersetzten. Obwohl so viele Gebäude beschädigt waren, war der rasche Wiederaufbau auch für mich zu erkennen.

Zerbombte oder beschädigte Häuser wurden abgerissen und neu gebaut. Die *Eisenhandlung Atzler* in der Quellenstraße und die *Apotheke am Reumannplatz* konnten wiedereröffnen. An der Ecke Reu-

Eisenwaren Atzler, zerbombt im Zweiten Weltkrieg

Atzler Neubau nach dem Krieg

mannplatz/Rotenhofgasse eröffnete 1955 der *Eissalon Kurt Tichy*, dessen Beliebtheit seit damals ungebrochen ist und weit über die Grenzen Favoritens hinausreicht.

Die Buchhandlung am Quellenplatz konnte wieder langsam ihre Regale und Auslagen füllen, endlich auch wieder mit all den Büchern, die unter den Nazis verboten waren. Seit ich lesen konnte, war diese Buchhandlung einer meiner Lieblingsplätze. Auch wenn einige Male die Besitzer wechselten, für mich und alle lesebegeisterten Favoritner blieb sie bis in die 1980er Jahre die *Arbeiterbuchhandlung*. Seit ihrer Schließung geht sie uns allen ab.

Manche traditionellen Werkstätten und Fachgeschäfte konnten nach dem Krieg an demselben Ort ihr Geschäft weiterführen. Einige sind noch heute im Familienbetrieb, wie der Scherenschleifer *Compostella*, der seit 1920 sein Geschäft in der Quellenstraße 111 führt. Oder das Elektrogeschäft *Oswald*, das seit 1914 am Viktor-Adler-Platz 11 ansässig ist.

Auf die neue städtische Wohnsiedlung *Per-Albin-Hansson-Siedlung* (PAHO), die mit schwedischer Hilfe westlich der Favoritenstraße erbaut werden konnte, waren die Favoritner besonders stolz. Bald gab es dort auch ein Volksheim und einen Kindergarten.

Der alte *Waldmüllerpark-Kindergarten*, in den meine Schwester und ich gingen, hatte, glaube ich, keine Bauschäden. Dafür aber alte Holzpritschen mit kratzenden Decken, die die Schlafstunde zur Qual machten. Die gemeinsamen Spiele im Haus und im Garten haben

Apotheke »Am Reumannplatz« 1955

Eissalon Tichy (seit 1955)

wir in schönster Erinnerung. Aber wenn wir den Ruf hörten: »Gitti, Ruth, abgeholt!«, stürmten wir freudig in die Arme der Tanten, die vor dem Tor auf uns warteten, um uns bis zum Arbeitsschluss unserer Eltern zu betreuen.

Der Fußweg in die Buchengassen-Wohnung führte uns am Pölzerhof und am Waldmüller-Kino vorbei, in dessen Saal nach dem Krieg bis 1952 das SPÖ-Bezirkssekretariat untergebracht war.

Früher war es üblich, dass Polzisten zu Fuß durch die Gassen patrouillierten. Oft begegneten uns an einem Tag drei hintereinander. »Tag, Herr Inspektor!«, begrüßten Ruth und ich jeden höflich und ernteten dafür ein freundliches Lächeln samt Tippen auf die Uniformkappe. Die Tanten hatten uns Kindern geraten: »Seids immer freindlich zu de Wachleut, ma waß nie, wozu's guat is.«

Die meisten Gebäude, die wir auf unseren Spaziergängen durch Favoriten sahen, waren Fabriken. Schon in meiner Kindheit bewunderte ich diese alten Gebäude. Die schönen Sichtziegelfassaden, die künstlerisch gestalteten Portale und die vielen hohen Rauchfangschlote übten große Faszination auf mich aus. Fabriken gehörten zu meinem Favoriten-Stadtbild einfach dazu. Auch das Ertönen der abendlichen Fabriksirenen habe ich noch im Ohr, die lautstark das Ende eines langen Arbeitstages verkündeten. Aus den großen prächtigen Portalen strömten gleich danach Scharen von Fabrikarbeitern, Männer mit Kappen, Frauen mit Kopftüchern. Und mit ihnen strömte der Geruch ihrer Arbeitsstätte. Am liebsten ging ich durch die Arbeitermenge der Schokoladefabrik, während ich an den Arbeitern der Fischfabrik *Warhanek* in der Troststraße ungern vorbeiging.

PAHO-West-Eröffnung 1951

1956 gab es bereits viele Gemeindebauten in Favoriten

Wenn die Fenster einer Fabrik unter dem Straßenniveau geöffnet waren, konnte ich gut hineinschauen. Da standen Frauen in Arbeitskleidung eng nebeneinander am Fließband und machten immer dieselben Handbewegungen. Der Lärm der Maschinen im Raum dröhnte bis auf die Gasse, aber es war mir einerlei, ich ging ja bald wieder weiter.

»Wennst nix lernst in der Schuj«, warnten mich meine beiden Großtanten, »dann wirst Hüfsarbeiterin, wie die armen Frauen da unten, und musst den ganzen Tag am Fließband stehen. Glaub uns, da fallst am Abend todmiad ins Bett.« Und sie wussten, wovon sie sprachen. Jahrelang hatten sie in Fabriken für einen Hungerlohn arbeiten müssen.

Mich störten die Fabriksirenen nicht, aber viel lieber hörte ich die Kirchenglocken, wenn sie zu Mittag und am Abend mit hellem Klang läuteten. Ich wusste damals schon, dass viele Glocken im Krieg zu Rüstungszwecken eingeschmolzen wurden und erst viel später von Glockengießern neu gegossen werden mussten. An der *Glockengießerei Pfundner* in der Troststraße/Senefeldergasse gingen wir früher oft vorbei. In dieser Werkstatt wurden nach dem Krieg angeblich Tausende Glocken gegossen, sogar für den Stephansdom. In der Radiosendung *Autofahrer unterwegs* waren es zum Großteil Pfundner-Glocken, deren Läuten ich zu Mittag so gern hörte.

Einmal machten wir sogar einen Blick durch ein Fenster in die Werkstatt, und da hingen tatsächlich viele alte Glocken. Glockenklänge aus der Vergangenheit, wie gerne hätte ich sie gehört.

Wenn uns die Tanten abends heim in die Wohnung unserer Eltern begleiteten, kamen wir auch am *Arthaberpark* vorbei. Dort, wo die Tanten als Kinder mit Fetzenlaberln gespielt hatten, plantschten jetzt Kinder im Freibad. Meine Schwester war dort Stammgast.

In der Nähe des schönen Brunnens mitten unter Bäumen steht seit 1922 die *Volkshochschule Favoriten*. Ich erinnere mich, wie wertschätzend meine Tanten immer über diese Einrichtung sprachen, die sie mit den früheren Arbeiterbildungsvereinen verglichen. Das Gebäude fand ich nicht besonders interessant, das Denkmal daneben aber beeindruckte mich sehr.

Ich erkannte, dass es drei Figuren sind, die miteinander reden, aber da sie nicht lebensecht geformt waren, beurteilte ich sie so: »Das sind doch keine Menschen, das sind nur Stein-Batzen.« Da klärten mich meine Tanten auf: »Aber man erkennt doch, dass sie miteinander diskutieren.« Das hab ich eingesehen und sie seither nur mehr *Diskussions-Batzen* genannt. Mittlerweile habe ich in dieser Volkshochschule oft mitdiskutiert, mehrere Sprachkurse besucht, im Laientheater gespielt und selber Lesungen vor politisch interessiertem Publikum gehalten.

Figuren in Diskussion (seit 1961)

Wir Wunderkinder

Die Zeit meiner Kindheit wurde auch oft als Zeit der *Wirtschaftswunder* bezeichnet, weil sie geprägt war von sozialem Aufstieg und Vollbeschäftigung. Unsere Eltern hatten beide Arbeit, die Wohnung im *Gemeindebau am Brunnweg* empfanden wir als groß, und unser erstes Auto, ein kleiner Lloyd, brachte uns sogar bis nach Jugoslawien ans Meer.

Für den täglichen Einkauf brauchte man aber kein Auto, von der damaligen Nahversorgung können wir heute nur träumen. Ein paar Schritte von unserem Wohnhaus entfernt befand sich ein Einkaufsparadies, denn in der Neilreichgasse reihte sich ein Geschäft an das nächste. An der Hausecke war das Geschäft des *Fleischhauers* Seebacher, der Fleisch, Wurstwaren und selbstgemachte Spezialitäten verkaufte. Dann gab es eine *Greißlerei*, geführt von zwei älteren Damen, die sogar offene Milch ausschenkten. Der *Gemüsehändler* an der Ecke zur Troststraße war bekannt für seine frische Ware, da ersparte man sich den Weg zum Viktor-Adler-Markt.

Das uralte Wirtshaus *Stoß im Himmel* mit dem großen Garten hatte seinen Reiz für Favoritner Familien nie verloren, auch wenn dort abends oft die Betrunkenen heraustorkelten. In der *Café-Konditorei Frauneder* ging es zwar viel gesitteter zu, aber verraucht war es genauso.

An einer Ecke des Jaurès-Hofes roch es oft nach Terpentin, Naphthalin und Mottenkugeln, die Herr Bohan in seinem *Farben-und-Lacke*-Geschäft verkaufte. Dafür duftete es gut aus der *Parfumerie König* und aus dem *Friseurladen*. Der süßeste Duft strömte allerdings aus der *Konditorei Michalski* (heute die Konditorei Groissböck) an der Ecke zur Raxstraße, wo meine Schwester immer ihren Tortenbruch kaufte. Mich lockte eher der *Sauerkräutler* um die Ecke neben dem *Pepihacker*, bei dem unser Vater den Lungenbraten fürs Sonntagsgulasch kaufte.

In lebhafter Erinnerung habe ich die kleine *Meinl-Filiale*, die aus der Zeit gefallen schien. In diesem Gemischtwarenladen sah es aus wie im G'wölb aus Nestroys *Jux*. Selbst der Geschäftsführer trieb seinen Lehrbuben genauso grob an wie der Comis Weinberl seinen

Unser erstes Familienauto 1960

Christopherl. Er brauchte nur mit der Hand aufzureiben und zu rufen: »Na wird's bald!« und schon duckte der sich und eilte dienstbeflissen ins Lager.

Neben der Tankstelle stand das *Gummihaus*, wo meine Schwester ihre Bälle und Taucherbrillen kaufte, während ich mich im *Wollgeschäft* mit Stricksachen eindeckte. Viel Geld ließen wir beide im *Spiel- und Papierwarengeschäft*, für Schulsachen, Tagebücher und natürlich Spiele. Dann war da noch ein *Reformhaus*, eine *Lederhandlung*, ein *Modegeschäft*, eine *Stoffhandlung* und ein *Kurzwarenladen*. Das meiste Geschäft machte sicher die *Trafik*, denn praktisch alle Erwachsenen waren Raucher. Auch wir kauften dort zu Weihnachten jede Menge Raucher-Zubehör für unsere Eltern.

Ein besonders großes Angebot aber hatte der *Konsum* im Gemeindebau Jaurès-Hof, wo die Mitglieder bei jedem Einkauf Rabattmarken bekamen. Aber als einmal Orangen aus Südafrika im Angebot waren, wo das Apartheit-Regime herrschte, rief meine Mutter verärgert: »Die nehm ich sicher nicht, da pickt ja Blut dran.« »Wo? Wo?«, fragte die Verkäuferin und wollte schon das Wischtuch holen. Da wusste meine Mutter, dass die Konsumgenossenschaft ihren Solidaritätsgedanken aufgegeben hat.

Mein Vater war bei *Philips* als Feinmechaniker angestellt. Ihn faszinierten Transistorradios und die neuen Fernsehapparate, und dass er seiner Familie den Zugang zur modernsten Technologie verschaffen konnte. Wir gingen zwar nicht zum Dehmel auf eine Kaffeejause, wie manche meiner Schulkolleginnen, aber dafür konnte ich den Mädchen

Das ehemalige Philips-Haus

in der Pause alle Filme nacherzählen. Denn wir gehörten zu den ersten Haushalten, die einen eigenen *Fernseher* im Wohnzimmer stehen hatten. Vaters Arbeitsplatz war in dem protzigen Philips-Haus auf der Triester Straße, das von Weitem schon leuchtete, als wollte es sagen: »Seht her, ich spende dieser Stadt das Licht!«

Bevor der legendäre Fußballstar *Toni Polster*, der auf der Nachbarstiege wohnte, in unserem *Käfig* seine ersten Tore schoss, war meine Schwester Ruth schon Ballkönigin. Federball, Drittabschlagen, Völkerball … ihre Mannschaft siegte immer. Weil sie jede freie Minute im Hof verbrachte, konnte ich ungestört in der Wohnung auf meinem *russischen Klavier* Etüden üben. Die Hausordnung im Gemeindebau war zum Glück viel humaner als die in der Buchengasse. Für die Frau Frankl unter uns aber war sie *zu* human, sie beschwerte sich immer über mein Klavierspiel, obwohl ich spätestens um acht Uhr damit aufhörte. Einmal stand sie mit einem Polizisten vor unserer Tür.

»Tag, Herr Inspektor!«, grüßte ich in alter Gewohnheit. Aber die Frankl legte los: »Der Lärm is net zum Aushalten. Wenn's wenigstens leise spielen tät.« Daraufhin blätterte der Polizist kurz in meinen Noten, und dann erklärte er der Klägerin: »Schaun S', Frau, wann da in den Noten *piano* steht, dann spielt sie *piano*, aber wann da *fortissimo* steht, dann muass sie *fortissimo* spiel'n!«

Im Sommer trafen sich die *Brunnweg-Hofkinder* schon in der Früh, um zum großen Bad auf den Laaer Berg zu *hatschen*. Da blieb mein Klavier den ganzen Tag geschlossen, denn einen Badetag in unserem *Laatschi* ließ auch ich mir nie entgehen. Schon von Weitem konnten wir auf der Uhr des hohen Turmes erkennen, ob wir noch rechtzeitig zum Wellenbad kommen. Unglaublich, dass wir uns auf diese Drängerei in dem 65 Meter langen Becken freuten. Den ganzen Tag verbrachten wir im Bad und verließen es am Abend erst, wenn der Badewaschel durchs Mikrofon brüllte: »Badeschluss!«

Auf unseren jährlichen Urlaub am Meer freute sich unsere ganze Familie. Wir genossen die drei Wochen Vollpension in Savudrija oder Portorož mit *Ražnjići*, *Ćevapčići*, *Jugo-Cockta*, und dem Jugo-Eis *Sladoled* in vollen Zügen. Aber gegen Ende des Urlaubs sehnten wir Kinder uns bereits nach Favoriten. Nach den Hof-Kindern und vor allem nach den Seebacher Wurstsemmeln und dem Sinalco vom Wirtshaus *Stoß im Himmel*.

Wieder in der Schule, machten wir oft einen Abstecher zur *Schallplatten-Brigitte* auf der Laxenburger Straße vis-à-vis vom Columbusplatz, um die neueste Single von den Beatles oder den Milestones zu kaufen. Die Favoritner Jugend gehörte zur Stammkundschaft des kleinen Ladens, denn Brigitte Komarek hatte einfach alles. Dort durfte man auch kurz probehören, bevor man sich zum Kauf entschied. Am Monatsanfang reichte unser Taschengeld manchmal sogar für eine Langspielplatte von Joan Baez, Leonard Cohen oder Pete Seeger. An diesen ehemaligen Plattenladen erinnern sich auch bekannte Persönlichkeiten wie Andreas Vitasek, Günther Paal und die Resetarits-Brüder, die ihre Jugend in Favoriten verbracht und in denselben Schallplattenboxen gewühlt haben wie wir.

Schallplatten-Brigitte

Bei Schlechtwetter zog es uns aber ins Kino. Auch wenn es 14 Tage hintereinander regnete, konnten wir täglich ein anderes *Lichtspieltheater* in Favoriten besuchen. Da war das *Bürgerkino* am Reumannplatz, das *Keplerkino* am Keplerplatz, das *Gudrunkino* in der Gudrunstraße, das *Quellenkino* in der Quellenstraße, das *Amalienkino* im Arbeiterheim, das *Edison* am Arthaberplatz und und und. Selbst das *Didokino* am Südtirolerplatz war uns nicht zu weit weg. Aufregend wurde es nur, wenn ein Film erst ab 18 Jahren zugelassen war und wir uns vorher extrem auf *alt* schminken mussten. Meine Eltern vertrauten mir blind, was die

Filmauswahl betraf. Da war der Vater meiner Freundin Liese etwas strenger, er wollte sich vorher vergewissern, dass es kein schlüpfriger Liebesfilm ist, den wir uns ansahen. Wir waren gut im Schwindeln. Die sicherste Ausrede war: »Das ist ein russischer Kulturfilm.« Und wenn wir dann noch ergänzten »... mit Inocenti Smotkunovski«, dann hatten wir schon gewonnen.

»The breathtaking century«

Wie so viele Favoritner Mädchen besuchte ich – nach der damals obligatorischen Aufnahmsprüfung – das Gymnasium in der Laaer-Berg-Straße. Als politisch engagierte Frau verfolgte meine Mutter sehr aufmerksam meinen Geschichtsunterricht, der aber leider nicht über das Jahr 1918 hinausging. Zeitgeschichtlichen Unterricht gab es nur zu besonderen Anlässen, wie etwa 1965, dem zehnten Jahrestag der Staatsvertragsunterzeichnung. Und da erfuhren wir lediglich, dass uns die Russen zehn Jahre lang die Freiheit verweigert hatten, nachdem wir den Krieg verloren hatten. Über die Zeit davor, zwischen 1933 und 1945, lernten wir nichts. Weder das Gespräch meiner Mutter mit der Professorin noch ein Protestschreiben an den Stadtschulrat änderten etwas an diesem lückenhaften Geschichtsunterricht. Die meisten Mädchen meiner Klasse erfuhren auch von ihren Eltern kaum etwas über Faschismus, Judenverfolgung oder Widerstandskampf. Sie lasen daheim aber auch eher die *Presse* oder den *Kurier*, während wir die *Arbeiter-Zeitung* und die *Volksstimme* abonniert hatten.

Den Wechsel in das *Musisch-Pädagogische Gymnasium* in der Hegelgasse hab ich nie bereut. Dort herrschte ein humanistisches, aufgeklärtes Klima, und viele der Lehrerinnen waren Antifaschistinnen. Und als Bruno Kreisky 1970 Bundeskanzler wurde, bekam auch die Zeitgeschichte ihren Platz im Unterricht. Wir besuchten sogar mit der Klasse das *Dokumentationszentrum des österreichischen Widerstandes.*

Im Maturajahr bekam ich die besten Noten auf Aufsätze, die mit dem Satz begannen: *Wir leben in einer schnelllebigen Zeit*, und im Englischunterricht befanden wir uns sogar im *breathtaking century*. In Favoriten merkten wir von der *growing technology* nicht allzu viel, wir hatten noch unser *Viertel-Telefon* und vom U-Bahn-Bau wurde lange nur gesprochen.

Als aber die Pädagogische Akademie 1972 von der Burggasse nach Favoriten übersiedelte, waren wir angehenden Lehrerinnen sehr stolz auf unsere moderne *PädAk* in der Ettenreichgasse. Das neue Haus mit dem begrünten Innenhof war so hell und freundlich, und die Mensa mit ihren herrlichen Mittagsmenüs ein beliebter Treffpunkt für uns

Pädagogische Akademie des Bundes, Ettenreichgasse

junge Studentinnen. Und damals in den 1970er Jahren war auch die Ausbildung besonders fortschrittlich und praxisnah.

Die Kinder in der Übungsschule der PädAk kamen bereits in den Genuss der sozialdemokratischen Bildungsreformen, die Unterrichtsminister Fred Sinowatz und Bundeskanzler Bruno Kreisky durchgesetzt hatten: kostenlose Schulbücher, freie Schulfahrten, Abschaffung der Aufnahmsprüfung für die höheren Schulen, kleinere Klassenschülerzahlen und der vielversprechende Schulversuch einer eigenen Vorschulklasse. Als ich mich am Ende meiner Ausbildung im Rahmen meiner PädAk-Hausarbeit mit der Geschichte meines Bezirkes auseinandersetzte, wurden mir die vielen baulichen Veränderungen in meinem Bezirk bewusster. Ich wollte zwar das *breathtaking century* nicht aufhalten, aber meine Erinnerungen und die unserer Vorfahren bewahren, damit sie in dieser *schnelllebigen Zeit* nicht verloren gehen.

Lehrerin in Favoriten

Als das Plakat mit dem Text: *I haaß Kolaric, du haaßt Kolaric, warum sogn's zu dir Tschusch?* überall zu sehen war, begann ich gerade meine Laufbahn als Lehrerin. In Favoriten wurde das Thema damals heiß diskutiert. Vor allem, weil es sich abzeichnete, dass viele türkische und jugoslawische *Gastarbeiter* nicht in ihre Heimat zurückkehren wollten, sondern sich hier niederließen und ihre Familien nachholten. Es gab aber keinen Grund, sie zu beneiden, sie hatten nur zu Wohnungen Zugang, die wegen ihrer schlechten Qualität für Österreicher unattraktiv waren, und fanden legale Arbeit fast nur als Hilfsarbeiter in Fabriken.

Ich wohnte damals nicht weit von der übel riechenden Fischfabrik *Warhanek*. Jeden Abend, wenn die Fabriksirene das Ende des Arbeitstages einläutete, strömten Scharen von ausländischen Arbeiterinnen durch das Tor, um gemeinsam zur Straßenbahnhaltestelle zu eilen. Weil damals auch der Beruf des Hausmeisters keinen guten Ruf hatte, übersiedelten viele Jugoslawen und Türken in die Wohnungen der Hausmeister und übernahmen deren unbeliebte Arbeit.

Trotz der Bemühungen von engagierten Bewohnern sowie vonseiten der Wohnpolitik gelang die Integration in den meisten Wohnhäusern dennoch nicht. Viele Favoritner Familien zogen enttäuscht aus und machten dadurch Platz für eine nächste Gastarbeiter-Familie, sodass sich bald ganze Häuserblocks und Geschäftsviertel in türkische oder jugoslawische Ghettos verwandelten.

Ich hatte viele Jahre lang kein Integrationsproblem in der Schule. Das lag daran, dass immer nur höchstens zwei, drei Kinder mit nichtdeutscher Muttersprache in der Klasse waren. Sie begannen genau wie alle anderen mit »Mama, Mimi, im, am« und machten auch dieselben Fortschritte im Schreiben, Lesen, Rechnen wie die Kinder von deutschsprechenden Eltern.

Aber mit den Jahren änderte sich die Klassenzusammenstellung und mit ihr die Möglichkeiten der Integration. Bald gab es in vielen Klassen immer weniger deutschsprechende Kinder und immer mehr Probleme mit den Religionen: *Wer ist der richtige Gott, Allah oder Jesus?* Plötzlich weigerten sich Buben, trotz österreichischer Staatsbürgerschaft, die österreichische Bundeshymne mitzusingen: »*Ich bin doch Türke!*« Und Väter erlaubten ihren Töchtern nicht mehr, am Schwimmunterricht teilzunehmen. Ich konnte mich zwar im Großen und Ganzen auf die Zusammengehörigkeit der Klassengemeinschaft verlassen, da sich die intensive Arbeit des sozialen Lernens lohnte. Aber im Konfliktfall konnten wir Lehrerinnen mit der Unterstützung unseres Bezirksschulinspektors Dr. Josef Pammer rechnen, dessen Autorität selbst renitente, fundamentalistische Väter in ihre Schranken wies.

Irgendwann bekamen wir Lehrerinnen einen Fragebogen, auf dem wir unsere Vorschläge zur besseren Integration notieren sollten. Ich weiß noch, was unsere wichtigsten Forderungen an die Politiker waren und dass wir danach erfolglos auf deren Umsetzung warteten.

— Verpflichtende Ganztagsschule für alle und bis dahin verpflichtende Nachmittagsbetreuung im Hort oder in der Schule. Dadurch würde das Zurückziehen in die Communitys verhindert.
— Kein Religionsunterricht in der Schulzeit, sondern extern in den Kirchen oder Moscheen.
— Dafür aber: verpflichtender Ethikunterricht für *alle* im Schulunterricht.
— Verpflichtender ganztägiger Kindergarten ab dem dritten Lebensjahr. Dadurch würde die deutsche Sprache und das Zusammenleben schon vor der Schule eingeübt.
— Ausländische Familien in *allen* Bezirke ansiedeln, bei Bedarf mit Mietzinsbeihilfe!
— Dadurch würde die Ghettobildung verhindert, und in Favoritens Klassen säßen nur wenige Kinder mit nichtdeutscher Muttersprache.

War nicht schon 1919 eines der Ziele des *Roten Wien*, die Ghettos der ärmeren Bevölkerung aufzulösen? Die Gemeindewohnungen und Schulen wurden doch bewusst nicht nur in den Arbeiterbezirken gebaut, sondern in fast allen Bezirken Wiens, auch in den Nobelbezirken. Dadurch sollte eine Durchmischung der Bevölkerung erreicht werden. Nichts anderes wollten wir damals für die Kinder unserer ehemaligen Gastarbeiter.

Im Heimatkundeunterricht spielte selbstverständlich Favoriten eine Hauptrolle. Lehrausgänge und Ausflüge führten uns zur Spinnerin am Kreuz, zum Wasserturm, in den Laaer Wald und zum Böhmischen Prater, in den Kurpark Oberlaa und zur WIG (Wiener Internationale

Gartenschau), ins Bezirksmuseum, zum Viktor-Adler-Markt, zu den Fabrikgebäuden und so weiter.

Gegenüber meiner ersten Volksschule in der Schrankenberggasse stand damals noch das Preyer'sche Kinderspital, in dem unsere kranken Schulkinder schnelle Hilfe bekamen. Die 120 Jahre alte Schule steht heute noch, aber das prächtige große Kinderspital, in dem vier Generationen Favoritner Kinder gepflegt wurden, musste leider vor Kurzem einer modernen Wohnsiedlung weichen.

In den späten 1970er Jahren wurde mit dem Bau der riesigen *Karl-Wrba-Hof-Siedlung* begonnen, benannt nach dem sozialdemokratischen Bezirksvorsteher *Karl Wrba* (1900–1973). Wahrscheinlich haben ihn meine beiden Großtanten gekannt. Er war zur selben Zeit wie sie als Straßenbahnschaffner im Betriebsbahnhof Favoriten tätig. Nach dem Krieg hatte er die verantwortungsvolle Aufgabe, sich um den Wiederaufbau des stark zerstörten Bezirks zu kümmern.

Neilreichschule im Karl-Wrba-Hof

Allerdings bedauerte ich sehr, dass für den Bau die schöne Schrebergartenanlage meines Großvaters weichen musste. Doch als ich in der neuen *Neilreichschule* in der Siedlung eine Klasse übernahm, tröstete mich der Gedanke, dass meine Schule genau auf Großvaters Gartenanlage steht. Während der zehn Jahre, die ich dort unterrichtete, wurde das Areal am Wienerberg rund um die Ziegelteiche saniert und aufgeforstet, und alle Schulkinder der Umgebung, auch meine Klassen, durften bei der Bepflanzung mitwirken. Mit der Zeit wurde aus der ehemaligen *Mistgstätten* ein beliebtes Naherholungs- und Naturschutzgebiet, in dem wir uns so oft wie möglich aufhielten.

Der absolute Lieblingsplatz der Buben war aber der große eingezäunte Schulsportplatz, den die Mädchen ihnen oft überließen, um in der Wiese Gummi zu hüpfen. Wenn die Buben in diesem *Käfig* Fußball spielten, brauchten sie mich nicht als Schiedsrichter. Mich persönlich haben Fußballspiele im Fernsehen nie interessiert, aber wenn meine Schulbuben ein *Kickerl* organisierten, erstaunte mich, wie diszipliniert sie sich an die vorher ausgemachten Regeln hielten und sich dann am Schluss – wie die Großen – die Hände zum Gruß reichten. Damit waren alle Fouls und Wutanfälle während des Spiels getilgt. Mit der Zeit fanden auch einige Mädchen an dem Spiel gefallen, und ich selbst konnte mich langsam für diesen Mannschaftssport begeistern.

Wenn unsere Schule zum Bezirksfußballturnier eingeladen wurde, war ich später als Direktorin sehr stolz. Es war mir eine Ehre, die heimgebrachten Pokale in der Aula der Schule aufzustellen. Eine Trophäe tut einer Schulgemeinschaft richtig gut, egal ob sie die 1b oder die 3a errungen hat.

Einige Jahre unterrichtete ich in den beiden Schulen der Per-Albin-Hansson-Siedlung Ost, die zu den größten städtischen Wohnsiedlungen Wiens gehört. Für ausreichende Infrastruktur sorgt dort ein integriertes Einkaufszentrum mit vielen Geschäften, Arztpraxen, Dienstleistungsbetrieben und sogar einem eigenen Kulturzentrum. In diesem *Haus der Begegnung* ist die zweite Volkshochschule Favoritens untergebracht, außerdem eine Musikschule, eine Bücherei und Veranstaltungsräume. Vor allem aber findet man hier das interessante *Bezirksmuseum Favoriten* und ein engagiertes Team, das Ausstellungen organisiert, um den Heimatkundeunterricht anschaulicher zu gestalten.

Auch zum Thema *Friedenserziehung* gab es in den Schulen Unterrichtsmaterialien: Gedichte, Lieder und sogar Berichte von Zeitzeugen. Ich blieb allerdings lange allein mit meinen Friedensgedichten und Antikriegsliedern. Wir bastelten zwar wie die anderen Klassen zum Nationalfeiertag rot-weiß-rote Fähnchen, aber zum Denkmal für die Opfer des Faschismus am Reumannplatz fuhr nur ich mit meiner Klasse. Zu diesem Mahnmal habe ich auch einen emotionalen Bezug. Denn als es am 24. Oktober 1981 durch Bundesministerin Hertha Firnberg enthüllt wurde und der damalige Wiener Stadtrat und spätere Bürgermeister Helmut Zilk eine Gedenkrede hielt, war auch meine Mutter als ehemalige Widerstandskämpferin dabei.

Mit meinen Schulkindern legte ich jedes Jahr einen gebastelten Kranz auf das Denkmal. Manchmal traf ich dort meine Schwester mit ihrer Klasse, auch sie war die erste Lehrerin ihrer Schule, die Zeitgeschichte zum Unterrichtsprinzip erhob.

Später konnte ich Kolleginnen für das Projekt *Schüler forschen Zeitgeschichte* begeistern. Die Kinder befragten ihre Großeltern nach ihren Erinnerungen aus dem Krieg und erzählten danach der

Denkmal für die Opfer des Faschismus am Reumannplatz

Klasse von den Bombennächten, den Lebensmittelkarten und Erlebnissen in der Kriegsgefangenschaft. Für viele Kinder waren diese authentischen Berichte die erste Begegnung mit der Vergangenheit. Manche brachten alte Dokumente, Ausweise oder Abzeichen mit. Der Grundstein war gelegt, um sich später genauer mit dieser Zeit zu beschäftigen.

Eine Kollegin erzählte uns später, dass sich einer ihrer Schüler gemeldet hatte mit der Behauptung: »Mein Vater war auch in Kriegsgefangenschaft.« Die Lehrerin wollte ihn berichtigten: »Dein Vater? Das kann gar nicht sein, der ist doch viel zu jung.« Doch der Bub antwortete selbstbewusst: »Aber im Gefängnis war er!«

In den 1990er Jahren übernahm ich die Leitung der *Tesarekschule* in der neu erbauten *Otto-Probst-Siedlung*, benannt nach dem langjährigen sozialdemokratischen Obmann der Bezirksorganisation Favoriten und geplant vom Architekten *Gustav Peichl*, der die Hanglage des Wienerberges für sein eigenwilliges Raumkonzept nutzte. Die Schule wurde am Wienerberg neben den Ziegelteichen gebaut, mitten im Gebiet der ehemaligen Ziegelwerke des Baron Drasche. Weil sich allerdings die Fertigstellung der Schule etwas verzögerte, wurde die ehemalige Ziegelei-Kantine *Chadim* kurzzeitig zur *Dorfschule am Wienerberg* umfunktioniert. Mittlerweile hat sich das *Chadim* als Biergasthof und Restaurant einen guten Namen gemacht.

Mein Cousin, der in den 1970er Jahren hier als Briefträger gearbeitet hatte, erinnerte sich, wie ärmlich diese Gegend damals noch war. Die Bewohner, denen er die Post brachte, wohnten in primitiven kleinen Häusern und viele von ihnen sprachen damals nur Tschechisch. Die Siedlung wurde mittlerweile zu einer der schönsten Wohnsiedlungen Favoritens – mit viel Grün zwischen den Bauten, und dem Naturschutzgebiet des Wienerberges mit seinen Teichen direkt vor der Haustüre. Straßennamen wie *Ringofenweg* erinnern an

Die alte Ziegelei-Kantine

Heute: Gasthaus Chadim

Schulfest der Tesarekschule am Tesarekplatz

die ehemaligen Ziegelwerke. Der *Friedrich-Adler-Weg* ist dem Sohn Victor Adlers gewidmet, der *Sedlacekweg* dem Betriebsratsobmann der Wienerberger AG, und die *Baron-Karl-Gasse* erinnert an das Favoritner Original namens Karl Baron, der sich selbst *der liebe Augustin von Favoriten* bezeichnete. *Anton Tesarek* ist der Namensgeber der Volksschule mitten am Tesarekplatz. Er gründete 1925 die sozialistische Jugendorganisation *Rote Falken*, deren Verbot 1934 meine Mutter so betrübte.

Ich habe in meiner langen Dienstzeit auch viele Lieder mit meinen Kindern gesungen, lustige, traurige, volkstümliche, klassische, politische. Aber *ein* Lied wurde immer nur zum Abschied gesungen, und nur mit meinen Viertklasslern, bevor ich sie aus der Obhut der Volksschule ins »Freie« entließ.

Abschiedslied

Woher du kommst (Rudi Burda)

Woher du kommst, ist gut zu wissen.
Mach dir klar, wo du heute stehst.
Gewissheit ist kein Ruhekissen.
Sie hat nur Sinn, wenn du weitergehst.

Lass noch die Tür ein wenig offen,
wenn du morgen ins Freie trittst.
Wir wolln vom guten Alten hoffen,
dass es dem besseren Neuen nützt.

Vom guten Alten hoffen, dass es dem besseren Neuen nützt

Als ich in Pension ging, ließ auch ich *die Tür ein wenig offen*. Bei meinen Lesungen und Grätzlführungen nehme ich das Publikum mit auf die Reise in Favoritens Vergangenheit und versuche, ihnen die historische und politische Bedeutung dieses Bezirks bewusst zu machen.

Mittlerweile wohnen über 200 000 Menschen in Favoriten, allein in den letzten zehn Jahren zogen über 32 000 Menschen hierher. Und es werden immer mehr, die in die neuen Stadtteile ziehen, die sich als *Grätzl*, *Viertel*, *City* oder *Quartier* bezeichnen. Wie sich die Wohnqualität, die Infrastruktur und das Zusammenleben in diesen neuen Siedlungen samt Bildungscampus gestalten wird, ist ungewiss, hier muss erst Geschichte geschrieben werden.

Das alte Favoriten hingegen mit seinen Plätzen, Märkten, Parks und Gemeindebauten entlang der Hauptstraßen hat eine lange Geschichte, und auch die will weitergeschrieben werden. Ich freue mich über jedes renovierte geschichtsträchtige Haus, das keinem Neubau weichen musste. Am Columbusplatz blieben die über 120 Jahre alten historischen Gebäude zum Glück stehen, obwohl daneben das *Columbus-Center* samt Parkgarage gebaut wurde. Den über hundert Jahre alten Bauten vis-à-vis war dieses Glück nicht beschieden; sie wurden in das geplante Wohnprojekt *Neues Landgut* nicht integriert, sondern abgerissen, so wie der legendäre Laden *Schallplatten-Brigitte*. Nur das Skelett der 1902 gebauten ehemaligen *Gösserhalle* steht noch auf dem riesigen leeren Baugrund. *Ausbanlt* sagen die Anrainer zu diesem ausgehöhlten Backsteingebäude, dem sogar das Dach abgetragen wurde. Aber wenn man den Ankündigungen der Medien glauben darf, dann sollen die verbliebenen bogenförmigen Mauern später in ein Kaffeehaus des Grätzls integriert werden. Das wäre zumindest ein kleines Zugeständnis an die beeindruckende Vergangenheit dieser Gegend.

Auf dem Laaer Berg hingegen steht das 120 Jahre alte Backsteingebäude der Ankerbrotfabrik immer noch, obwohl die Brotproduktion verlagert wurde. Hier durfte sich mittlerweile die Kunst- und Kulturszene entfalten. Auf dem Belgradplatz wurde die 1900 erbaute Hellerfabrik ebenfalls revitalisiert. Hinter der denkmalgeschützten Fassade entstand durch einige Umbauarbeiten ein Geriatriezentrum. Sogar ein Relikt aus der Vergangenheit blieb erhalten, der Schornstein der ehemalige Zuckerlfabrik. Das einstige Kinderfreibad im Arthaberpark, eine Errungenschaft des Roten Wien, wurde erfreulicherweise später in ein Jugendzentrum umgebaut, heuer als *Jugendtreff Arthaberbad* sogar vergrößert und modernisiert. Auch das ehemalige Kinderfreibad beim Wasserturm wurde reaktiviert. Auf dem 15 000 Quadratmeter großen Gelände entstand ein riesiger *Wasserspielplatz* mit Teichen, Wasserfällen, Rutschen und Spielwiesen, der zur beliebten Naturoase für Favoritner Kinder wurde, ganz im Sinne Julius Tandlers, dem legendären Gesundheitsstadtrat aus der Ära des Roten Wien.

Mir gefällt auch der neu gestaltete, dem Klimawandel angepasste Reumannplatz mit seinen frischen Sträuchern und jungen Bäumen, dem dadurch freien Blick aufs Amalienbad, zum Tichy oder zum Denkmal. Und die neuen Sitzgruppen laden wirklich zum Verweilen ein. Ebenso schätze ich die umgebaute und neu asphaltierte Favoritenstraße mit ihrer Fußgängerzone, den neuen U-Bahn-Stationen und der bequemen Straßenverbindung zum Verteilerkreis. Auch auf dieser Straße wurden Häuser renoviert, so wie das von den Anrainern bezeichnete *Horrorhaus* Ecke Favoritenstraße 162/Angeligasse. Nach über fünf Jahren schlichten Umbaus erstrahlt der Jugendstilbau jetzt in neuem Glanz.

Sehr gerne spaziere ich auch in der Natur und genieße am Wienerberg die Vielfalt der Pflanzen, an deren Entstehung meine Schulkinder und ich sogar beteiligt waren. Bei der Gaststätte des *Chadim*, diesem geschichtsträchtigen Gebäude der ehemaligen Ziegelei-Kantine, bleibe ich oft stehen. Dann kann ich mir richtig vorstellen, wie Victor Adler hier vor über 130 Jahren mit seinen Ziegelarbeitern zusammengesessen ist, um ihnen beim Kampf um ein menschenwürdigeres Leben zur Seite zu stehen. Mit viel Fantasie kann ich aus den offenen Fenstern sogar ihre aufmunternden Lieder hören: »Die Arbeit, sie bewegt die Welt, die Arbeit hoch, die Arbeit hoch …« Und ich singe sie in Gedanken mit.

Wenn ich auf einem unserer Hausberge stehe, oder in der Gondel des Riesenrades oder auf dem Dach vom Haus des Meeres, versuche ich sofort, den zehnten Bezirk zu entdecken. Wegen meines schlechten Orientierungssinns findet ihn zwar jeder meiner Begleiter früher als ich: »Schau, dort ist doch die Skyline der Twintowers.« Aber das gilt nicht für mich. Erst wenn ich mein persönliches Wahrzeichen entdeckt habe, den guten alten Wasserturm, dann erkenne ich ihn, meinen *Heimatbezirk Favoriten.*

Favoriten – mein Heimatbezirk

Quellen

Oswalda Tonka: *Buchengasse 100 – Geschichte einer Arbeiterfamilie* und private Aufzeichnungen
Wicki und Hilda Sokopp: private Aufzeichnungen
Vladislav Marjanovic: *Unterwegs durch Emmaus am Wienerberg*
Karl Bröger: *Bekenntnis* (Gedichtzeile)
Anton Lang: Bezirksjournal August 1999, *125 Jahre Favoriten*
Bezirksmuseum: Bilder und Fotos
Schulchronik: VS Rothenburgstraße
Albert Fuchs: *Ein Sohn aus gutem Haus* (Biografie)
Arbeiter-Zeitung: Max Winter, Sozialreportage: *Rund um Favoriten*, 1901
Gleichheit: Victor Adler, *Die Sklaven vom Wienerberg*, 1888
ANNO: *Tätigkeitsbericht der Unterrichtsorganisation Favoriten* 1926/27
Adelheid Popp: *1912, Erinnerungen. Aus meinen Kindheits- und Jugendjahren*
Wien WIKI: verschiedene Artikel und Bilder
Fritz Endl: Triesterviertel, Orte erzählen
Familie Weber: Geschichte der Weber-Gründe
Willi Krula/VOGB: Geschichte der Österreichischen Gewerkschaftsbewegung
ANNO (Austrian Newspaper Online): alte Zeitungen
Fini Kaindl: persönliche Erinnerungen
Josef Spanner: persönliche Erinnerungen
Herbert Lederer: Kindheit in Favoriten
Rudi Burda: Abschiedslied *Woher du kommst*
Caroline Klima: Favoriten, Geschichten und Anekdoten
Hans Weinhengst: Turmstraße 4
Alte Fotos vom Bezirksmuseum (genehmigt von Archivar Walter Sturm)
Foto »Schallplatten-Brigitte« (genehmigt von Erich J. Schimek)
Fotos von »Atzler« und Apotheke »Am Reumannplatz« (genehmigt von Besitzern)
Restliche Fotos aus Privatbesitz